フロー体験入門

楽しみと創造の心理学

Mihaly Csikszentmihalyi
M.チクセントミハイ――［著］
Hiroshi Ohmori
大森 弘――［監訳］

世界思想社

FINDING FLOW

by Mihaly Csikszentmihalyi

日本語版への序文

フロー現象は約四〇年前に「発見」された。それは、一九六八年に私のクラスの一つで学生たちが「大人の遊び」をテーマにインタビューを行い、レポートを書いた時のことである。当時、心理学者たちはもっぱら子どもの遊びだけを研究しており、成人が面白さや楽しみを得るためだけに没頭する多くの活動をおおむね無視していた。しかし、私自身の生活の中でもよく感じていたことは、遊びの性格をもつ何かをしている時にこそ、最も楽しく、わくわくし、さらには有意義ですらある体験が起こるということだった。それは、自発的に行い、その行為自体のほかに成果はなく、それが生み出す感覚のゆえに行う何かだった。私自身の生活では、こうしたことには、チェス、登山、絵画の制作、詩の翻訳が含まれる。ポーカーで莫大なお金をすった人たちがいる。あるいは、山の近くにいたいと思い、また、世界中を小舟で航海するために、よい勤め口を断念した人たちもいる。遊びという体験は、現実的で力強いものである。厳密な科学的研究を行い、遊びをさらによく理解しようとしたのはまさにこの時だった。そこで第一歩として私が学生たちに頼んだことは、十分な時間（週平均五時間かそれ以上）を、それ自体の楽しみのためだけに費やしている人々に会い、話をして、なぜそれをするのか、理由を聞き出してくることだった。

学生たちがレポートを提出した時、フットボールからジャズ、チェスからディスコダンスまで、それぞれ異なった形式の遊びについて書かれていたにもかかわらず、それぞれの内容があまりにも似ていたので驚いた。そこで、われわれは数週間かけて、これらの類似性が何を意味するかについて議論した。結論はこうだった。どの事例においても、取り上げられた人々は、たくさんのエネルギーや時間を投入する活動をしている時には、しなければならないことが明確で、目標が具体的ではっきりしていると感じていたのである。音楽家は自分がどんな調べを演奏したいかがわかっており、チェスをする人は盤上で最高の手を見つけなければならないことを知っている。また、ロッククライマーは動くたびに、二〇センチから四〇センチ上に手足を運ばなければならないことを知っている。

目標が明確であるばかりでなく、彼らは瞬間ごとに自分が正しい動きをしたかどうかがわかる。つまり、こうした活動は、その人の動きに迅速なフィードバックを与えるのである。音楽家は自分が出した音が、自分が望んでいた音であるかどうかを聞くことができる。チェスをする人は自分が動かした手が、その対局において優位をもたらすかどうかすぐにわかる。さらに、ロッククライマーは、数百メートル下の谷底に落下することなく、今なお岩の上に立っていることから、自分の動きが正しかったかどうかがわかる。

つまるところ、人が行動の機会――チャレンジ――があると感じるこれらの活動は、人の行動の能力――スキル――におおよそ釣り合っていたのである。

これらの条件が存在する時、つまり目標が明確で、迅速なフィードバックがあり、そしてスキル〔技能〕とチャレンジ〔挑戦〕のバランスが取れたぎりぎりのところで活動している時、われわれの意識は変わり始める。そこでは、集中が焦点を結び、散漫さは消滅し、時の経過と自我の感覚を失う。その代わり、われわれは行動をコントロールできているという感覚を得、世界に全面的に一体化していると感じる。われわれは、この体験の特別な状態を「フロー」と呼ぶことにした。なぜなら、多くの人々がこの状態を、よどみなく自然に流れる水に例えて描写するからである。体験者は「それはフロー〔流れ〕の中にいるようなのです」と述べている。

毎日の生活の中で、われわれが通常置かれている状況は、自分のスキルに対してチャレンジがあまりにも高すぎるか低すぎるかであり、目標は不明確で、フィードバックは遅いか存在さえしないというものである。そのため、われわれはフロー状態になる代わりに、目標がスキルより高い時にはストレスや不安を感じ、また、チャレンジがスキルに対してあまりにも低すぎる時には退屈を感じる。多くの人々にとって平均的な一日は、交互にやってくるストレスと退屈の連続である。ストレスも退屈も気持ちのよいものではない。そうした瞬間ごとに、われわれは、自分の生活が自分のコントロールから外れてしまい、意味もなく忘却のかなたに消えていくと感じる。しかし、これがわれわれの大半が送っている生活であり、過ごしている時間の大半である。

＊＊＊

われわれのフロー「発見」以来四〇年ほどの間に、この概念は世界へ広がり、多くの実践的な結果をもたらした。まず、私は、私の最初の本を読んだインド、日本、中国の心理学者や哲学者から、ほとんど発刊と同時に手紙を受け取り始めた。彼らは私に、氏族の運命を決する目前の戦いについてアルジュナ王子がヴィシュヌ神と語り合うバガヴァッド・ギーター〔ヒンドゥー教の聖典〕の一節を読んだことがあるかと尋ねてきた。また、私が禅の秘儀についての書物を読んだことがあるか、あるいは、賢人たちが地面に触れることなく、あたかも空中を流れるように歩くことについて書かれた老子道徳経の一節を読んだことがあるか、と聞いてきた。私はそれらの本を読んだことがないと告白せざるをえなかった。

しかし、それらの書物を読んでみて、主にアジアにおける古代の文献の多くが顕著な類似性をもってフロー現象を描写していることに気づいた。バガヴァッド・ギーターでは、ヴィシュヌ神がアルジュナ王子に、誰が戦いに勝利するかは気にしないようにと告げる。大切なことは、アルジュナを無比の戦士たらしめているその技を使う時、最善を尽くすよう集中することである、と。同様に、禅を知る弓道の射手は、的を狙うのではなく、自然な動きの中で弓、弦、的と一体となる。そうして正射必中となるのである。また、荘子によって二、〇〇〇年以上前に描かれた丁という名の料理人は、包丁でちょっと触れるだけで牛を真っ二つにすることができたという。「包丁の動きにつれてさくさくと肉が切れる音がするが、それがすべて完全な音律となり、舞を舞うようであり、古の名曲のようである」。雇い主である王が彼の技をほめた時、丁はそれは技ではないと答えた。「私が心がけているのは道です。それは技を超えたものです。……感覚や知覚は働きを止め、精神だけが自由に動きます」。

私はこれらの古代の文献を読んで、私が発見したと思っていたことは、実は何世紀にもわたりよく知られていたことであると確信した。フロー現象はずっと以前に発見されていた。しかし、土に埋もれ忘れられた古代の宝物のように、それは再発見されなければならなかったのだ。私はフローを発見したわけではない。しかし、人間生活の最も貴重な側面の一つを再発見する幸運に恵まれた。つまりそれは集中した精神的、情緒的、身体的活動を通じてもたらされる、世界との完全な一体化の状態である。

＊＊＊

しかし、私の個人的なフローの発見は、それを世界の人々と共有することができなければ大して意味がない。かくして、次のような思いが湧いてきた。どのようにしたら、フローによって人間生活を少しでもよくできるだろうか。どのようにしたら人々が生活の中でフローを見つけることを助けられるだろうか。学者として、私がするべきことはもちろん本を書くことだった。フローについてのわれわれの研究の最初の成果は *Beyond Boredom and Anxiety* の表題で出版された。これは千葉大学の今村浩明教授により日本語に翻訳された〔『楽しみの社会学――不安と倦怠を越えて』思索社、一九七九年〕。出版に至るまで、彼と彼の家族はシカゴで約一年間過ごし、われわれはこの本とその内容について議論して、多くの楽しい時間を過ごした。この本は学術的な著作であり、興味をもってこの本を開いてくれる人はほとんどいなかった。しかしながら、少数の読者が私に、フローは大変重要なので、大学の図書館に埋めておくべきではないと言い続けてくれた。彼らの中で最も私を動かしたのはジョン・ブロックマンである。彼は、著名な文筆エージェントで、科学者が広範な素人読者に向けて自分の研究成果をわかりやすく書き換えることを助けていた。私はついに彼の助言を受け入れることにした。

Flow: The Psychology of Optimal Experience〔邦訳『フロー体験　喜びの現象学』今村浩明訳、世界思想社、一九九六年〕は、一九九〇年に初版が出版され、ベストセラーとなり、まもなく三〇か国語以上に翻訳された。ギリシャ語版とロシア語版の翻訳書は今まさに印刷目前である。この本は、フローについての基本的な説明を記述したものであり、世界中の多くの大学の講義で使用されている。この人気から、読者がフローについての知識を生活に適用することができるよう、さらに直接的に書かれたものがもう一冊必要だと考えた。その結果生まれたのが本書である。

本書 *Finding Flow: The Psychology of Engagement with Everyday Life*〔『フロー体験入門――楽しみと創

造の心理学』〕は、従うべき一連のステップを示した「ハウツー」本ではない。だれもあなたの生活にフローをもたらす方法を教えることはできない。フロー体験は、あなた自身が自力で発見しなければならないものであるし、また、この宇宙の中でのあなた独自の時間・空間におけるあなた独自の体験の結果なのである。しかし、そうだとしたら、本書を読む時のポイントはなんだろうか。

本書は幸福の処方集ではない。しかし、フロー状態を体験する人々がどのようにしてそうなるかについての最高の知識を提供する。それは、芸術やスポーツやゲームをする中でだけではなく、学校で、職場で、そして家族関係といった日々の生活の中での活動でも同様に、世界と完全に一体化する体験をするにはどのようにすればよいかということについて、体系的に記述している。読者がこの知識を各自の生活に適用するためには、いくらか考えなければならない。しかし、適用の仕方をよく考えれば、それを一般的な処方ではなく、自分自身のためだけのものとすることができるという利点がある。

先の著書と同様に、本書も今やすべての主要な言語に翻訳されており、フロー概念の応用はさまざまな予期せぬ成果を生むことに役立っている。たとえば、フローにもとづくビデオゲームの作成、フローに触発されたスーツケースの製品シリーズ、フローを増すと銘打った乳製品ブランド、さらに世界的に有名なサーカスや多くのビジネス集団が、組織をより働きやすい場所にしていくためにフローの知識を応用し、また、学校でもフロー原理を教育に応用している。

本書は「自己啓発」をうたうほかの多くの本とは異なっている。本書には、どうすれば自分を変えられるかということよりも、自分の生活を変えるために何ができるかについて書かれている。私の発見によれば、ほとんどの人にとって、自分自身がどのようにあるべきか、何をすべきかについて考えることから得るものはない。熟慮は難しい技術であり、訓練されていない人々は、すぐに落ち込んだり、絶望してしまうことさえある。他方、フローはいわば外側から内面へと人生を変革する。まず、自分のスキルを活用する機会を見つけ、次に、集中して行為している間は我を忘れなければならなくなるようなチャレンジに取り組む。逆説的なことに、こうした出来事が終われば、以前よりも強く自己が意識されるようになる。無為の原理は同様に自己の育成に当てはまる――自分の人生をよりよいと感じるのは、自分自身を変えようとすることによってではなく、実際に変化を行動に表すことによってである。そうすることで自己は苦もなく自然に変化していくのである。

＊＊＊

フローのより学術的な面に興味を抱く読者は、本書が書かれて以降の新しい研究に興味をいだくかもしれない。この質問にどこから答え始めるべきかは難しい。ここでは、最も新しく、興味深い研究のいくつかについて述べる。

まず最初に、フローの生理学的側面から始めよう。人がフローの状態にある時、脳の中で何が起こっているのか。フローを起こすように促すホルモンがあるのか。人がフロー状態にある時、生物学的な機能に測定可能な変化があるのか。これらの疑問の多くは解答困難である。なぜなら、人はフローを実験的に誘発することはできないし、生理学の計測技術は、まだ実生活での変化をリアルタイムで把握するほど進化していないからである。

これまで、この種の最も興味深い研究のいくつかは、ストックホルムのカロリンスカ研究所にあるフレデリック・ウーレン教授の研究室で行われてきた。たとえば、彼らが発見したことは、プロのピアニストがピアノを演奏中にフロー状態にあると、心拍と呼吸がゆっくり、より規則的になり、血圧が低くなり、笑顔をつくる表情筋が活性化するということである。ところが、ピアニストも観衆も彼らがひそかに微笑んでいることに気づいていない。こうした生理学上の変化はすべて、フロー状態にある人が、高度なスキルを発揮している間（この場合、ピアノで難しい曲を弾いている間）、実はとてもくつろいでいるということを示している。深い呼吸、低い血圧とゆっくりとした鼓動は、生きる上で健康的な状態であり、フローがそれを促進すると知ることはよいことである。

より理論的な形で、イスラエルの心理学者アルノー・ディートリヒは、フロー状態では脳の前頭皮質は一時的に関係のない情報を処理しないようにすると主張している。これにより、ほかの刺激を排除して、明らかに易々と、するべき行為に関連する刺激だけに集中することができるのである。

若いアメリカの哲学者ブライアン・ブラッハは、著名な神経心理学者や哲学者の寄稿からなる*Effortless Attention*という本を編集したところである。この本は今年〔二〇一〇年〕、ＭＩＴ出版部から発行される予定だが、フローから大きな影響を受けており、われわれのフロー理解に大いに役立つだろう。この本には、西洋と東洋の注意をコントロールするための試みを体系的に比較した章もある。

トルコのイスタンブール大学で教える心理学者サミ・アブハムデは、インターネットのチェスゲームをしている時のフローについて大変興味深い研究を行っている。その研究の中で、ゲーム中の最も深い楽しみの体験は相手を負かす時ではなく、自分よりも少し高いスキルの相手と戦う時に起こることが報告されている。対戦相手のスキルが自分より低い時、または、相手のスキルが自分より非常に高い時、楽しみは急激に減少する。

日本では、フローへの関心がきわめて高い。今村教授の最初の研究以後、数名の研究者がフローを研究している。佐藤郁哉氏は、バイクで走り回る暴走族のフローについて研究し本を書いた。浅川希洋志氏は、日本の学生たちのフローを研究し、彼らと他国の学生たちを比較している。ソニーの副社長は、井深氏が何もないところからソニーを設立した創業時、彼と一緒に働いていた人々の間でフローが恒常的な心的状態であったと述べている。そして、野中郁次郎教授は私に、フロー概念と同種の日本哲学の流れを示してくれた。明らかに、日本文化は遥かな昔からフローの起こし方を理解していた。武道から茶道まで、建築から俳句まで、フローを可能にする活動の型は数多く、独特である。

しかし、私はさらに先に進むことができるだろう。フローのより科学的な側面に興味を抱いている読者は、自分自身でそれらを発見されるとよい。新しい電子技術はこれを容易にしてくれる。グーグル・スカラーのような検索エンジンやウィキペディアにフローという単語を入力すれば、すぐさま大方の読者の好奇心を満足させてくれることだろう。そして、本書が生活をさらにわくわくさせ、面白く、有意義なものにする出発点となることに、多くの読者が気づいてくださることを望んでいる。

二〇一〇年三月　カリフォルニア州クレアモントにて

ミハイ・チクセントミハイ

謝辞

本書で論じる成果は、スペンサー財団とアルフレッド・P・スローン財団の支援を受けた研究に基づいています。フローの研究調査には、多くの研究仲間や学生の皆さんの測り知れないご支援をいただきました。とくに感謝の意を表したいのは、ユタ大学のケヴィン・ラサンデ氏、ノースウェスタン大学のサミュエル・ウェイレン氏、日本の四国学院大学の浅川希洋志氏、イタリアではミラノ大学のファウスト・マシミーニ氏とアントネラ・デレ・ファーヴェ氏、ペルージャ大学のパオロ・インギレーリ氏、そして私自身が在籍しているシカゴ大学ではウェンディ・アドレイ＝ゲイル氏、ジョエル・ヘクトナー氏、ジーン・ナカムラ氏、ジョン・パットン氏、ジェニファー・シュミット氏です。

多くの研究仲間の皆さんが友情をもって言葉には言い尽くせないほどの支援をし続けてくれました。とくにチャールズ・ビドウェル氏、ウィリアム・デイモン氏、ハワード・ガードナー氏、ジェフリー・ガッベイ氏、エリザベート・ノエル＝ノイマン氏、マーク・ランコ氏、バーバラ・シュナイダー氏にお礼を申しあげます。

目　次

凡例

訳文中の記号は次の要領に従った。

1　原文中の引用符は「　」、イタリック体は傍点で示し、（　）は（　）のままとした。

2　書名は『　』、訳者注は〔　〕でくくって示した。

第１章

日々の生活を構成しているもの

ほんとうに生きようと思うなら、すぐに努力し始める方がいい。
もしそう思わないのなら、それはそれでもよいのだが、死に向かい始める方がいい。

W・H・オーデン

本書が述べていることについて、オーデンの詩文は圧縮するというよりも正確に再現してくれている。選択は単純である。つまり、今この瞬間から避けがたい人生の終わりまで、われわれは生きていくか死んでいくかを選ぶことができる。生物学的な生命は、できるだけ長い間肉体の必要性を処理するという自動的なプロセスにすぎない。しかし詩人が先の言葉で意味した生きることとは、決して自動的に起こるものではない。実際は、すべてがそれに逆らって陰謀をめぐらせている。つまり、もし自分の人生の指揮という役割を担わないなら、人生は自分の外側からコントロールされて、何かほかの作用の目的に奉仕させられてしまうだろう。生物学的にプログラムされた本能は、われわれが伝える遺伝物質を複製することに人生を使うだろう。文化が、その価値やしきたりを増殖させるためにわれわれにその人生を使わせようとするのも確かである。そして他者は、自分たちのやるべきことをさらに進めるために、われわれのエネルギーをできるだけ多く利用しようとするだろう。このうちのどれがどのように影響するかは関係なく、このすべてがわれわれに影響を及ぼすだろう。生きることを手助けしてもらうことは誰にも期待できない。自分自身で生きる方法を見出さなければならない。

そうなると、この意味で「生きる」とはどういうことなのだろうか。はっきりしているのは、それは単に生物学的に命を永らえることを意味しているのではない。それは時間や潜在能力を浪費せず、その人の独自性を表現し、しかも宇宙の複雑さに深く関わり、充実して生きることを意味するはずである。本書では、このような生き方を、現代の心理学と私自身の研究で発見したことに基づくやり方で、同時にどんな形で記録されたものであれ過去の知恵にもよりながら、可能なかぎり探っていきたい。

もう一度新しいやり方で「よい人生とは何か」という問題を考え直そう。予言とミステリーに任せる代わりに、日常ありふれたことや、ふだんの一日を通して一般的に遭遇する日々の出来事に焦点をあわせ、できるだけ筋の通った根拠に密着するよう努めたい。

よい人生を送るということで私が意味したいことは、具体的な事例を挙げるのが一番わかりやすいかもしれない。何年も前、私と学生たちは鉄道車両を組み立てる工場を見学したことがある。中心となる仕事場は巨大で、絶え間ない騒音で話を聞くことがほとんどできない汚い格納庫だった。そこで働く溶接工のほとんどは自分の仕事を嫌っていて、終業時間を待ち望んで時計ばかりを気にしていた。彼らは工場の外へ出るや否や、近所の酒場に駆け込むか、もっとにぎやかなことを求め、州境を越えてドライブに出かけた。

だが、彼らのうちの一人だけは別だった。その例外はジョーというほとんど教育を受けていない六〇代前半の男性だったが、彼はクレーンからコンピュータのモニターまで工場の設備のすべての部品を理解して修理できるように独学した人である。彼は動かなくなった機械のどこが悪いのかを見つけ出し、再び正常に戻すことに挑戦するのが好きだった。家では彼と妻は自宅に隣接する二区画の空き地に大きなロックガーデンを築いて、さらにその中に、夜でも虹が作れる霧の噴水装置を設けた。同じ施設に働く一〇〇人余りの溶接工たちは、たとえジョーを完全に理解できなくとも、みんなが彼を尊敬していた。何か問題が起こった時には必ず彼の助けを求めた。多くの人々が、ジョーがいなければ工場はすぐに閉鎖することになるだろうと断言した。

何年もの間、私は主要企業の多くのCEOや大物政治家たち、数十人のノーベル賞受賞者——卓越した人生を送り、多くの点で傑出した人々——と会ってきた。しかし、どの人生もジョーの人生よりよくはなかった。彼の人生のような、穏やかで人の役に立ち、そして生きる価値のある人生は、何によってもたらされるのだろうか。これは本書が目指すきわめて重要な問題である。私のアプローチは三つの重要な仮定を基盤にしている。一つ目は預言者、詩人、哲学者たちが丹念に集めた過去における重要な真実、われわれが生き残り続けるために不可欠な真実である。しかし、これらはそれぞれの時代の概念の用語で表現されてきたので、その意味するところは各世代で使いやすいように再発見し、再解釈しなければならない。ユダヤ教、キリスト教、イスラム教、仏教の神聖な経典やヴェーダ〔ヒンドゥー教の聖典〕は、祖先が最も重要とした知識の最高の宝庫である。そして、それらを無視することは子どもじみたうぬぼれである。しかし、過去に書き残されたものならなんでも永遠に続く絶対的な真実だと信じることは、同様に甘い考えである。

本書の二つ目の基盤は、現在、科学が人間にとって最も必要不可欠な情報を提供しているということである。科学的な真実もまた、その時代の世界観に基づいて表現される。そのために将来変化したり放棄されたりするかもしれない。おそらく現代科学にも、古代神話にあったのと同じくらいの迷信や誤解が埋め込まれている。しかしその違いを指摘するには時代が近すぎる。ことによるといつかはＥＳＰ〔超感覚的知覚〕とスピリチュアルなエネルギーは、理論や実験なしに、われわれを直接真実に導くかもしれない。しかし手抜きは危険である。われわれの知識が実際そうであるよりはるかに先に進んでいると思い違いしてはならない。よかれあしかれ、現時点で科学はいまだに最も信頼できる現実の鏡である。そして科学を無視するには、危険を覚悟しなければならない。

三つ目の基盤は、ほんとうに「生きる」ためには何が必要なのかを理解したいと望むなら、過去の声に耳を傾け、そのメッセージを科学がゆっくりと蓄積しつつある知識と統合するべきだということである。イデオロギーに関する表現――たとえばルソーの自然回帰の計画、そしてそれはフロイト派の信条の先駆けだった――は、人間の本性とは何かという考えがなければ、まさに空虚なポーズにすぎない。過去に希望はない。現在に解決策は見つからない。ましてや架空の未来へ飛び出した方が気楽だということもないだろう。人生とは何かを見つけ出す唯一の道は、現在理解されているかぎりで過去の現実の意味と未来の可能性を見出すための、辛抱強く、ゆっくりとした試みである。

したがって、本書における「人生」とは、朝から晩まで、一週間に七日、もし幸運なら約七〇年間、もっと運がよければそれ以上の年月、その間に体験するすべてを意味するだろう。神話や宗教で親しんでいるもっとずっと高尚な人生の見方と比較した時、これは狭い見方のように思えるかもしれない。しかしパスカルの賭け〔パスカルの『パンセ』メモ二三三による。人は神の存在を理論で実証することはできないが、神が存在することに賭けても失うものは何もない〕とは逆になるが、不確かなように思われる時、最善の策は、この七〇年かそれ以上の年月が宇宙を知る唯一のチャンスであり、それを精いっぱい使うべきだと決めてかかることである。もしそうしなければ、すべてを失うかもしれないのだから。それに対して、もしわれわれが間違っていて、人生は死後の世界にあるとしても、何も失いはしないのである。

この人生が結果的に達するものは、肉体内の化学的プロセスや、器官の間の生物学的な相互作用や、脳のシナプスの間を飛び交う微電流や、あるいは文化が精神に負わせる情報の組織体によって、ある程度規定される。しかし実際の人生〔生活〕の質〔以下、「人生の質」「生活の質」は互換的に用いる〕——何をなし、どう感じるか——は、思考や感情によって、つまり、われわれが化学的、生物学的、社会的プロセスに与える解釈によって決定されるだろう。頭をよぎる意識の流れを研究することは現象学的な哲学の領域である。過去三〇年間の私の研究は、社会科学――主に心理学と社会学――のツールを使えるようにする体系的な現象学を展開させることにあった。人生とはどのようなものか、そしてもっと実践的な問題、どうすれば人々は最高の人生を築くことができるだろうか、ということに答えるために。

このような疑問に答える最初のステップとして、われわれが体験できることを形づくっている力を十分理解する必要がある。好むと好まざるとにかかわらず、われわれはそれぞれ、何ができ、何を感じることができるかの限界によって抑制されている。これらの限界を無視することは、否定につながり、結局は失敗へつながる。すばらしいことを成し遂げるには、まず日々の現実を、そのすべての要求事項と潜在的な欲求不満とともに理解しなければならない。多くの古代神話の中で、幸福、愛あるいは永遠の人生を見つけようとした人間は、まず地獄のような場所を旅しなければならなかった。天国の壮麗さを眺めることが許される前に、輝く天国の門をくぐることからわれわれを遠ざけているものはなんなのかを理解するために、ダンテは地獄の恐怖の中をさまよわなければならなかった。われわれが始めようとしている、より世俗的な探求にも、同じことが当てはまる。

アフリカの平地に住むヒヒは一生のおよそ三分の一を寝て過ごし、起きている時は、移動したり、食べ物を見つけたり食べたり、自由なレジャーの時間に割り当てているが、そのレジャーは基本的に、互いの交流や、毛からシラミをとるグルーミングである。それはあまり魅力的な一生とはいえないが、人類がサルと共通の祖先から進化して以来何百万年もの間、あまり変わってはいない。生活に必要なもののために、われわれは依然としてアフリカのヒヒとそれほど違わない方法で過ごさなければならない。二、三時間の増減はあるが、ほとんどの人は一日の三分の一は眠っている。そしてヒヒたちがするのと多少なりとも同じ形で、働き、移動し、休息するために残りの時間を使っている。そして歴史家エマニュエル・ル＝ロワ＝ラデュリが明らかにしたように、一三世紀のフランスの村落――その時代に世界で最も進んでいたところの一つ――では、ごくふつうの余暇の気晴らしは互いの髪からシラミをとりあうことだった。今では、もちろん、われわれにはテレビがある。

休息、生産、消費、人との交流といった一連の行為は、見たり、聞いたりといった感覚と同じくらい人生を体験する方法の一部となっている。神経システムはどんな瞬間でも、わずかな量の情報しか処理できないように組み立てられているので、体験することのほとんどは連続的に次から次へと体験される。金持ちで権力のある男によく言われることだが、「われわれみんなと同様、彼も一度に一本の足をズボンに通さなければならない」。一度に飲み込めるのは一口分だけで、一度に聞けるのは一つの曲だけ、一度に読めるのは一つの新聞だけ、一度にできる会話は一つだけである。

このように注意力には限界があり、それはこの世を体験するための心理的エネルギーの総量を決定し、生きていくための柔軟性のない台本を提供している。時代を超えさまざまな文化を見渡してみても、人々が何をどれくらいの時間するかは、驚くほどよく似ている。

すべての生き物はいくつかの主要な点で類似しているということは先ほど述べたので、明らかに異なる点の識別に取りかかろう。マンハッタンの株式仲買人、中国の農民そしてカラハリのブッシュマンも、最初はどんな共通点もないと思われるやり方で、基本的な人間の台本を最後まで演じる。一六世紀から一八世紀ヨーロッパについて書かれたものの中で、歴史家ナタリー・ゼモン・デイヴィスとアーレット・ファージがこう述べている。「日常生活は永続的な性差と社会的階層の枠組みの中で展開された」。これは知るかぎりのすべての社会グループの真実である。つまり、個人がどう生きるかは大部分、性別、年齢そして社会的地位によって決まるのである。

誕生という出来事は、その人の人生がどんな種類の体験で構成されるかを大きく決定するスロットのコイン差し入れ口のような位置へ、人を押し込んでしまう。二〇〇年も前、イギリスの工業地帯の貧しい家庭に生まれた六歳か七歳の少年は、朝五時頃には目を覚まして、工場に駆け込み、ガチャガチャと音を立てる紡織機械に日暮れまで仕えるため、一週間のうち六日も過ごしていただろう。極度の疲労のせいで一〇代にならないうちに死ぬこともよくあった。ほぼ同時代のフランスの絹生産地では、一二歳の少女は一日中桶のそばに座り、糸に付着した粘着性の物質を溶かすため、かいこ繭を火傷するほどの熱湯に浸していた。彼女は明け方から夕暮れまで濡れた服で座り込んでいたので、呼吸器疾患で死にそうになっていただろうし、指先はついには熱湯のせいですべての感覚を失っただろう。一方で貴族の子どもたちは、メヌエットを踊ることや外国語の会話を学んでいたのである。

同様のライフチャンスの差異は依然として、われわれにもある。ロサンゼルスやデトロイト、カイロやメキシコシティなどの都市のスラム街に生まれた子どもは、一生の間にどんな体験をすることが期待できるだろうか。豊かなアメリカの郊外、裕福なスウェーデンやスイスの家庭に生まれた子どもの期待できるものとはどう異なっていくのだろうか。極貧のコミュニティに生まれ、もしかしたら先天的な身体障害さえもつ人がいることにも、一方、容姿に恵まれ、健康で、加えて巨額の預金をもって人生をスタートする人たちがいることにも、不運なことに、そこにはどんな正義も根拠も理由もないのである。

そのように、人生の主要ないくつかの条件は定められており、また、どんな人も休息や食事をとったり、交流したり、少なくともいくらかの仕事をすることを避けることはできない。つまり、体験の内容の大部分を決定づけるいくつかの社会的カテゴリーに、人間の属性は配分されるのである。そしてそのすべてをより面白くすることは、もちろん、個人の問題である。

冬に窓から外を眺めると、何百万もの同じような雪片が舞い散るのを見るかもしれない。しかし拡大鏡をもって、その雪片を一つずつ見てみれば、すぐにそれらが同じではないと気づくだろう。

実際、正確にまったく同じ形の雪のかけらはない。同様のことが人間にもいえる。われわれはスーザンがまさに人間であるという事実によって、彼女が体験するはずの多くのことに言及できる。彼女がアメリカ人の少女であり、ある特定のコミュニティに暮らしていて、どんな仕事をしている両親がいるかを知っていれば、もっと多くのことがいえる。しかし、すべてのことが語られ明らかにされても、外面的な条件のすべてを知っていても、スーザンの人生がどのようになるかを予測することは不可能なことである。ランダムな機会がすべての予測を無効にしてしまうかもしれず、もっと重要なことには、スーザンは、好機を無駄遣いするか、あるいは逆に出生のなんらかの不利を克服するかを決める自分なりの精神をもっているからである。

本書のような本を書くことができるのは、人間の意識にこういった柔軟性があるからである。もしすべてのことが、人間に共通している条件によって、社会的または文化的なカテゴリーによって、あるいは機会によって決定されているとしたら、人生をすばらしいものにしようとする方法について思案を重ねることは意味がないかもしれない。しかし幸いにも、現実を違ったものにする個人的な独創力と選択のためには十分な余地がある。そして、これを信じる人たちは運命の支配から解き放たれる一番よい機会をもっているのである。

生きることは行動、感覚、思考を通じて体験することを意味する。体験は時間の中に場を占める。

そのため、時間こそわれわれがもっている究極の希少な資源なのである。何年もかけて、体験の内容は人生の質を決定づけるだろう。それゆえ誰もができる最も重要な決定の一つは、自分の時間をどのように割り当て、投資するかということである。もちろん、時間をどう投資するかはわれわれだけで決められるものではない。先に見てきたように、人類の一員として、あるいはある文化と社会に属しているために、われわれは何をなすべきかを厳格な強制によって命令されるのである。しかし、個人的な選択の余地はあり、余った時間をコントロールすることは、ある程度われわれの掌中にある。歴史家E・P・トンプソンが記したように、労働者たちが鉱山や工場で週八〇時間以上も奴隷のようにあくせく働いていた産業革命の最も過酷な数十年の間にさえ、わずかで貴重な自由時間を、パブへ向かう大多数に従うのではなく、文学の研究や政治活動に費やす人々もいたのである。

時間について話す時に使う用語——割り当てる、投資する、分配する、浪費する——は経済用語から借りてきたものである。その結果、時間に対するわれわれの態度が、資本主義に特徴的なものによって色づけされていると主張する人もいる。「時は金なり」という格言が資本主義の偉大な擁護者、ベンジャミン・フランクリンのお気に入りだったことは事実である。しかしこの二つの語は確かにもっと古くから同一視されてきた。そしてそれは西洋の文化にだけというよりは、人間共通の体験に根ざしている。実際に、時間の価値をはかれるのは、ほかのどんな方法よりも金銭である

表1　時間はどこへいくのか？

近年のアメリカの研究で典型的な成人とティーンエイジャーが報告した昼間の活動に基づいている。年齢，性別，社会的地位，個人的好みによってパーセンテージは異なるので，最小値と最大値の幅を示している。1パーセントは，1週間のうちの約1時間に相当する。

生産的活動		小計24〜60%
仕事，勉強	20〜45%	
職場でのおしゃべり，飲食，空想	4〜15%	
生活維持活動		小計20〜42%
家事（料理，洗濯，買い物）	8〜22%	
食事	3〜5%	
身づくろい（入浴，着替え）	3〜6%	
車の運転，移動	6〜9%	
レジャー活動		小計20〜43%
メディア（テレビ，読書）	9〜13%	
趣味，スポーツ，映画，レストラン	4〜13%	
会話，社交	4〜12%	
何もしていない，休息	3〜5%	

（出典：Csikszentmihalyi and Graef 1980; Kubey and Csikszentmihalyi 1990; Larson and Richards 1994）

といわれてきた。金銭は、何かをしたり作ったりすることに費やされた時間をはかるものとして、単純に最も一般的に用いられている。そしてわれわれは金銭を重んじる。なぜなら、なんでもしたいことができる自由時間をもつことを可能にして、人生の束縛から自由にしてくれるからである。

それでは、人々は時間を使って何をするのだろうか。表1は、一日のうち、目を覚ましていて意識のある一六時間ほどをどう過ごしているかについての一般的な概念を表している。数値は必然的に概算となる。なぜならその人が若いか年をとっているか、男性か女性か、裕福か貧乏かによってかなり異なったパターンが現れるかもしれないからである。しかし、概して表中の数値は社会の平均的な一日がどのようなものかを表すことができる。それはさまざまな点で、ほかの先進国の時間配分についてのものとよく似ている。

平均的な一日の間にわれわれがしていることは、大きく三つの種類の活動に分けることができる。最初の最も大きなものは、生存と快適さのためのエネルギーを生み出すためにしなければならないことである。今日では、これはほとんど「金を稼ぐ」と同義語である。なぜなら金銭はほとんどのものの交換の手段となっているからである。しかし、まだ在学中の若者にとっては、学習がこれらの生産的活動に含まれると思われる。というのは、彼らにとって教育は、大人にとっての仕事と同義語だからであり、そして教育は仕事への導入だからである。

仕事の種類、またその人がフルタイムで働いているかパートタイムで働いているかによって、心理的エネルギーの四分の一から半分以上がこのような生産的活動に費やされる。大部分のフルタイムのワーカーは週に約四〇時間仕事についている。それは一週間のうち起きている一一二時間の三五パーセントに相当するが、数値は必ずしも正確に現実を反映してはいない。なぜなら仕事に費やされる週四〇時間のうち、ワーカーたちは実際には三〇時間しか働かず、残りは話をしたり、空想したり、リストをつくるなど、仕事と無関係なほかのひまつぶしに費やしているからである。

これは時間として多いのだろうか、少ないのだろうか。それは比較するものによる。ある人類学者たちによると、たとえばブラジルのジャングルやアフリカの砂漠の先住民のように、ほとんど技術的に発展していない社会では、成人男性が生計を立てることに一日四時間以上費やすことは珍しく、残りの時間は休息したりおしゃべりしたり、歌ったり踊ったりして過ごしている。一方、西洋では工業化が進んだ一〇〇年余りの間、労働組合が労働時間を規制できるまで、ワーカーたちにとって工場で一日一二時間かそれ以上も過ごすことは珍しくはなかった。だから現在の基準である一日八時間労働は、この両極端のほぼ中間にあるといえる。

生産的活動は新しいエネルギーを生み出す。しかし、身体と所有物を維持しようとすれば大変な量の仕事をする必要がある。だから一日の約四分の一はさまざまな生活維持活動に携わっている。食事、休息、身づくろいによって身体を健康に保ち、洗濯、料理、買い物、そしてあらゆる種類の家事をこなすことで所有物を維持している。伝統的に、男性が生産的な役割を果たしてきた間、女性は生活維持のための仕事という重荷を負わされてきた。この差異は現代のアメリカでもなお強く残っている。男性も女性も食事には同じ時間（約五パーセント）をかけているが、ほかのすべての生活維持活動には、女性は男性の約二倍の時間を費やしている。

性別による家事の役割分担は、もちろんほかの至る所で現実にはさらに厳しいものである。旧ソビエト連邦では男女平等はイデオロギー上の建前で、既婚の女性の医師や技術者は、自分の有給の仕事に加えて、依然としてすべての家事をこなさなければならなかった。世界のほとんどで、家庭で料理したり皿洗いをしたりする男性は、周囲からの尊敬と同様に自尊心も失うのである。

この労働の分担は人類始まって以来古くから見られる。しかし過去には、家事という生活維持活動はしばしば女性に非常に激しい労働を強いてきた。ある歴史家は四世紀前のヨーロッパでの状況をこう述べている。

> 女性たちはその地域の険しい山の台地へ水を運んだ……そこは水がほとんどなかったのだ。……彼女たちは草を刈り、乾かし、ケルプや薪や、兎の餌にするための道端の雑草を集めた。乳牛や山羊の乳を搾り、野菜を栽培し、栗の実やハーブを集めた。イギリスや一部のアイルランドとドイツの農民たちにとって、最も一般的な暖房の燃料は動物の糞で、それらは女性たちの手で集められ、乾ききったものは家庭の暖炉のそばに積み重ねられた。……

給排水設備や電化製品は確かに、家事をこなすのに必要な肉体的労力の量を変えてきた。まさに、テクノロジーが生産的な仕事の肉体的な負担を軽くしてきた通りに。しかし、アジアやアフリカそして南アメリカのほとんどの女性は——言い換えれば、世界のほとんどの女性は——家族の身体と心の基盤が崩壊してしまわないように、いまだに人生の大部分を捧げなければならない。

生産的活動と生活維持活動に必要な時間の残りは自由時間かレジャーの時間であり、それは総時間の約四分の一を占める。過去の多くの思索家たちによれば、男性も女性も自分たちの潜在能力に気づくことができるのは、することが何もない時だけである。ギリシャの哲学者たちによると、時間を自己啓発——学習、芸術、政治活動といったもの——に投じることにより、ほんとうの人間らしくなれるのはレジャーの時間である。事実、ギリシャ語でレジャーを指す言葉scholeaは「school（学校）」の語源であり、そのような考え方だったので、レジャーの最もよい使い方は勉強することだった。

残念なことに、この理想はめったに実現されない。今日の社会では、自由時間は三種類の主な活動で占められている。ギリシャの哲学者たち、すなわちレジャーを楽しむ人たちが考えていたことに、まったく誰も近づいていない。一つ目はメディアの消費——たいがいはテレビを見、ほんの少し新聞や雑誌を読むことである。二つ目は会話である。三つ目は自由時間のより活動的な使い方で、それゆえ昔の理想に最も近い。つまり趣味や作曲、スポーツや体操、レストランや映画に行くことなどを含んでいる。これらの三つの種類の主なレジャーには、週に少なくとも四時間、多くて一二時間費やされている。

テレビを見ることには、平均してすべてのレジャー活動の中で、最も大きな心理的エネルギーが費やされているのだが、それはまたおそらくこれまでの人類の体験の中で最も新しい種類の活動の形だろう。数百万年の進化の間、注意を惹きつけ、保つという点で、これほど受身的で、楽で、病みつきになるものは男性にも女性にもなかった——星空を見つめたり、昼寝をしたり、バリ島住民の風習のようにトランス状態に陥ることを考慮に入れないかぎり。そのメディアの擁護者たちは、あらゆる種類の興味ある情報がテレビによって提供されると主張する。これはほんとうである。しかし視聴者を成長させるというより興奮をもよおすような番組を作る方が簡単であり、ほとんどの人が注目するものは自己啓発の助けにはなりそうにない。

これら三つの主な活動——生産、生活維持、レジャー——は、われわれの心理的エネルギーを奪う。それらは毎日、生まれてから人生の終わりまで、精神を通過する情報をもたらす。従って、本質的には、われわれの人生がどんなものであるかは、仕事に関連した体験、すでに所持しているものを崩壊から守る体験、そして自由な時間に活動するすべての体験の中にあるといえる。人生がどんなものであるかは、人生が繰り広げるこれらの規定条件の中にある。そして何をなすのかをどう選び、人生にどう取り組むかということが、日々の総計が混沌としてとらえどころのないものになるか、芸術作品のようなものになるかを決定するだろう。

日々の生活は何をするかによってだけでなく、誰と一緒にいるかによっても決まる。われわれの行動や感情は、今そこにいるかどうかにかかわらず、いつも他者に影響される。アリストテレス以来これまで、人間は社会的動物であることは知られてきた。そして肉体的にも精神的にも複数の他者に依存してきた。それぞれの文化は、人が他者に、また一人でいる時には内面化された他者に、どれくらい影響されるかという点で異なる。たとえば、伝統的なヒンドゥー教徒は、われわれが考えるのと同じようには、自分たちを別々の個人とするような考えはなく、むしろ大きく広がる社会的な網目の中の一つの結び目と考えていた。人のアイデンティティはその人の個性的な考えや行動によってというよりは、むしろ子どもやきょうだい、いとこ、両親によって決められた。われわれの時代でも、コーカソイドの子どもたちと比べると、東アジア系の子どもたちは、一人でいる時でさえ、多くの点で親の期待や意見を気にかけている。精神分析の用語でいえば、彼らの方が強い超自我をもっているのである。文化がどれほど個人主義的になろうとも、依然として他者が人生の質の大部分を決定づけているのである。

ほとんどの人は三つの社会的場面で大体同じだけの時間を過ごす。一つ目は見知らぬ人々、同僚、もしくは若い人にとっては学生仲間から成り立つ。この「公的な」場とは、ある人の行動がほかの人々の評価を受けるところ、富を競うところ、他人と協同した結びつきをもつと思われるところである。この活動の公的な面は、潜在能力を発展させるのに最も重要で、最も危険度が高いが、最も成長できる場なのではないかと議論されてきた。

二つ目の場面は家族から成り立っている。子どもにとっては両親ときょうだい、大人にとってはパートナーや配偶者そして子どもたちである。近年、社会的単位として認められる「家族」の概念

と時間は時間の定義は家族の定義は時間と

そのものが激しく批判されてきた。また、どんな種類の整理方法によっても、家族の定義は時間と空間によって決められるのではないということは事実である。しかし一方で、いつでもどこでも、人はある一群の人々に血縁関係という特殊な絆を認め、その人たちと一緒にいる方が安心と感じ、また、他人に対するより大きな責任を感じているのも事実である。近頃見かけるようになったステップファミリー〔離婚・再婚でできた血縁のない家族〕は、理想的な核家族と比べるとどんなに奇妙であろうとも、近親が依然としてユニークな体験を提供している。

そして、他者の不在によって定義される場面がある——孤独である。テクノロジーが発達した社会では、われわれは一日の〔起きている時間の〕約三分の一を一人で過ごしている。それは、一人でいることが非常に危険と思われている最も部族的な社会に比べると、はるかに大きな割合の時間である。われわれにとってさえ一人でいるということは望ましくないことであり、大部分の人々はできるかぎりそれを避けようとする。孤独を楽しめるようになることは可能だが、めったに手に入れられない好みである。しかし好むと好まざるとにかかわらず、日常生活の多くの社会的義務はわれわれに一人になることを要求する。たとえば子どもは一人で学習や練習をしなければならないし、主婦は一人で家の管理をしなければならない。そして多くの仕事は少なくとも一部は孤独である。だからたとえ楽しまないまでも、孤独に耐えられるようになることは大切である。さもなければ人生の質は苦しみに縛りつけられてしまう。

次章でも、人々がどのように時間を使っているかについて述べる。どれくらいの時間を一人で、またほかの人と過ごしているか。そして自分たちがしていることについてどう感じているのか。このような主張が依拠している証拠はなんだろうか。

人々が時間をどのように使っているかについて発見するための最も広く普及している方法は、調査や時間記録をつけることである。これらの方法は、通常一日や一週間の終わりに日記へ記入するよう依頼する。簡単にまとめられるが、記憶に基づくためあまり正確ではない。もう一つの方法は経験抽出法、つまりＥＳＭである。これは私が一九七〇年代前半にシカゴ大学で開発したものである。ＥＳＭでは、被験者に小冊子を携帯してもらい、ポケットベルかプログラムできる時計で合図して、二ページ分に記入してもらう。シグナルはその日の早朝から午後一一時かもっと遅くまで、二時間以内の間隔で無作為に発するようにプログラムされている。シグナルが発せられると、どこにいるか、何をしているか、何を考えているか、誰と一緒にいるか、そしてその瞬間の意識の状態を、さまざまな数値で示される尺度で書き記す。どれくらい幸せか、どれくらい集中しているか、どれくらい強くモチベーションを感じているか、そして自尊感情はどれくらい高いか、などである。

一週間の終わりには、それぞれの被験者はＥＳＭの小冊子を五六ページまで埋めてしまっている。それはその人の日々の行動や体験をあからさまにした仮想の映画フィルムを提供する。その人の行動を一週間にわたって毎日、朝から晩まで追跡できるし、何をして誰といるかに関して、その人の気分の揺れを追うこともできる。

われわれのシカゴの研究所では、長年にわたりおよそ二、三〇〇人の回答者から合計七万ページ以上を収集した。また世界各地の大学の研究者が、この三倍以上を集めてくれた。回答の多さは重要である。なぜなら彼らの日常生活の様子と質を、詳細かつかなりの精度で調べることができるからである。そのおかげで、たとえば食事を何回とるか、その時どう感じているかなどがわかる。さらにティーンエイジャーであろうと、成人や老人であろうと、食事については同じように感じているのかどうか、そして一人で食べる時と人と一緒に食事をとる時とで、食事が同じような体験であるかどうかもわかる。また、アメリカ人、ヨーロッパ人、アジア人、そしてこの方法が使えるほかの文化圏の人々との間の比較ができる。次章では、ＥＳＭの結果と置き換え可能な調査や質問調査票によって手に入れた結果を使用していく。巻末の注ではデータの入手先を示している。

第2章

体験の内容

ここまでに、仕事と生活維持活動とレジャーに心理的エネルギーの大部分が費やされることを見てきた。しかし、仕事が好きな人もいるかもしれないし、そうでない人もいるかもしれない。自由時間を楽しむ人もいるかもしれないし、することが何もないと退屈に思う人もいるかもしれない。そういうわけで、われわれが明けても暮れてもすることが、どんな種類の人生を送るかということに大きく関係していると同時に、自分たちのすることをどう体験するかということが、さらに重要である。

感情は、いくつかの点では意識の最も本質的な要素である。というのは、感情は、自分が愛や恥、感謝、幸福をほんとうに体験しているかどうかを判断する役割をもつ唯一のものだからである。さらに、感情はまた精神の最も客観的な構成要素でもある。というのは、恋をしている時や恥じている時、怖がっている時、幸福な時に体験する「意識下の感情」は、たいてい外の世界で観察するものや、科学や論理から学ぶどんなものよりも現実的だからである。われわれは、ほかの人を見る時は、行動心理学者であるかのように、言うことを割り引いて聞き、行動だけを信じる。しかし一方、自分たちを見る時には、現象学者のように、外界の出来事やあからさまな動作よりも内なる感情を重視する。このようにして、しばしば矛盾した立場にいることに気づく。

心理学者は、さまざまな文化の中で生活する人々の間で、顔の表現によって確かに判別できる九つの基本的な感情を確認してきた。要するに、すべての人が見たり述べたりできるので、すべての人が共通した一連の感情状態を共有しているように思われる。しかし可能なかぎり単純化すると、すべての感情は基本的に二種類に分けられるということがいえる。すべての感情は、ポジティブで魅力的か、ネガティブで胸の悪くなるものかのどちらかである。感情にはこの単純な特徴があるので、われわれがよいものを選ぶのに役立つのである。赤ん坊は人の顔に惹きつけられ、母親を見ると幸せになる。幸せになると、世話をしてくれる人との絆が築かれるからである。食べ物やセックスの相手を見つけられないと種が生き残ることができないので、食事をしている時や異性と一緒にいる時、喜びを感じるのである。われわれは過去の進化の過程で、生存に深刻な危険をもたらしたすべてのもの――蛇や虫を見た時や、腐った臭い、暗闇――に、本能的な嫌悪を感じる。

遺伝的に縛られた単純な感情に加えて、人間は下品な感情だけでなく、多くのより微妙で優しい感情を発達させてきた。自省的な意識の進化は、人間という種にほかのどんな動物もできないやり方で感情を「もてあそぶ」こと、感情を偽ったり操ったりすることを許した。われわれの祖先の歌や踊り、仮面は、恐怖や畏敬の念、喜びや陶酔を呼び起こした。現代では、ホラー映画やドラッグ、音楽が同じ役割を果たしている。しかし最初は、感情は外界についての信号として働いていた。今では感情はしばしば現実のものごとから切り離され、感情自体を目的として楽しまれている。

幸福はポジティブな感情の原型である。アリストテレス以来数多くの哲学者が述べてきたように、われわれのすることすべては、究極的には幸福を体験することを目指している。われわれはほんとうは、富や健康、有名になることなどを求めてはいない。これらのものを求めるのは、それによって幸福になれると期待しているからである。しかし、幸福を探し求めるのは、それによって何かを得られるからではなく、幸福自体を目的としているのである。幸福が人生のほんとうに重要なものだとしても、われわれは幸福について何を知っているだろうか。

二〇世紀半ばまで、心理学者は幸福を研究したがらなかった。なぜなら、社会科学でその頃勢いをふるっていた行動主義者のパラダイムでは、感情は主観的なので、科学研究にふさわしい主題としては説得力を欠くと見なされていたのである。しかし、学界の「ダストボウルの経験主義」〔主観を無視し、客観的・具体的で測定可能な現実だけを認める態度〕がこの二、三〇年で一掃されたので、主観的な体験の重要性が再び認識され、幸福の研究は勢いも新たに進められてきたのである。

研究されてきたことは、ありふれているが、驚くべきことでもある。たとえば、問題や悲劇があるにもかかわらず、世界中の人が、自分は不幸というよりは幸福であると答えるのは、驚くべきことである。アメリカでは概して、典型的なサンプルの三分の一の回答者が、自分たちは「大変幸福である」と答え、たった一〇分の一の人だけが「そんなに幸福ではない」と答える。半分以上の大多数の人が「かなり幸福」という水準になる。似たような結果は、ほかの十数か国からも報告されている。どうしてこのようになりうるのだろうか。哲学者が何世代も通して、人生はなんと短く苦痛に満ちているのだろうかと考え、世界は涙の谷間で、われわれは幸福になるために作られたのではないと、ずっと言ってきたというのに。この食い違いの理由は、預言者や哲学者は完全主義者である傾向があり、人生の不完全さが彼らの気に障ったということである。ところが残りの人類は、不完全さも何もかも含めて、生きていることに満足している。

もちろん、より悲観的な説明もある。すなわち、自分たちはかなり幸福だと人が言う時、彼らは調査している研究者をだましていることもあるが、虚勢を張っていることが多いのである。結局のところ、カール・マルクスはわれわれに、工場労働者は完全に幸福だと感じることができると考えさせるようにした。しかし客観的には、労働者は彼らの労働力を搾取するシステムから疎外されているので、この主観的な幸福は無意味な自己欺瞞である。ジャン＝ポール・サルトルはこう言った。ほとんどの人は自分自身にさえ、あらゆる世界の中で一番の世界に生きているのだというふりをして、「偽りの意識」をもって生きている、と。最近では、ミシェル・フーコーとポストモダニストが、人々が言うことは現実の出来事を反映しておらず、話すための話、物語の一つの形式でしかないことを明らかにした。これらの自己認識についての批評は、認識すべき重要な問題を照らし出すと同時に、自分たちの現実解釈は大衆の直接的な体験よりも優先するに決まっていると考える、学者の知的な傲慢という難点もある。マルクスやサルトル、フーコーの意味深い疑問にもかかわらず、私は依然として、人が、自分は「かなり幸福だ」と言う時、その言葉を黙殺する権利も逆の意味に解釈する権利も、誰にもないと考える。

もう一つのよく知られているが驚くべき発見は、物質的豊かさと幸福との関係に関連するものである。予測されるように、物質的により豊かで、政治的により安定した国に住んでいる人々は、自分たちをより幸福であると位置づける（たとえばスイスやノルウェーの人は、ギリシャやポルトガルの人よりも自分たちは幸福だと言う）。しかし、必ずそうだというわけではない（たとえば、より貧しいアイルランド人は、より豊かな日本人よりも幸福だと主張する）。しかし、同じ社会の中では、経済と人生に対する幸福感との間には、ほんのわずかな関係性しかない。アメリカの億万長者は、平均的収入のある人よりもほんのわずか幸福であるにすぎない。そして、アメリカの平均収入が一九六〇年代と一九九〇年代とでは、実質的に倍以上になったにもかかわらず、大変幸福だと言う人々の割合は、同じ三〇パーセントのままだった。この調査結果からは、貧困層でなければ、資源が増えても、幸福になる機会ははっきり感じ取れるほど増えないという結論が正しいように思われる。

個人的な属性の多くが、人々が述べる、自分たちはどれくらい幸福かということに関連している。たとえば、強い自尊感情をもっていて健康で外向的で、安定した結婚をしていて、宗教的信仰をもっている人は、慢性の病気をもち内向的で、自尊感情の低い離婚した無神論者よりも、自分は幸福だと言いそうである。このような関係性のまとまりを見る時には、ポストモダニストの批評の懐疑的な態度が意味をもつかもしれない。たとえば、体験のほんとうの質に関係なく、健康で信仰をもつ人は不健康で信仰をもたない人よりも、自分の人生についての「幸福な」物語を構成するだろう、といった見方である。しかし、人はいつも解釈のフィルターを通して体験の「生の」データに出会うものなので、どのように感じるかについて人が語る物語は、人の感情の必要不可欠な一部である。子どもたちを養うために二つの仕事をするのが幸福だと言う女性は、一つだけの仕事さえうるさがり、その理由を考えない女性よりも、おそらく実際、幸福なのだろう。

しかし、幸福だけが考える価値のある感情だというわけではない。事実、もし毎日の生活の質を改善したいと思うならば、幸福はスタート地点としてはよくないのである。まず第一に、幸福の自己報告はほかの感情ほど、人によって異なっていない。ほかの点ではどんなに空っぽな生活であったとしても、ほとんどの人々は幸福でないと認めることをいやがるだろう。それに加えて、この感情は状況によるものというより、個人的な性格によるものである。言い換えれば、外部の条件とは関係なく、時間とともに自分は幸福であると考えるようになる人々もいれば、一方、何が起ころうとも関係なく、ほかと比べて幸福でないと感じるようになる人々もいるのである。ほかの感情は、することや一緒にいる人、たまたまいる場所などの影響をもっと受けやすい。これらの気分は、直接的変化により従いやすいものである。そしてそれらは、人がどれくらい幸福だと感じるかに関係しているので、長い目で見れば幸福の平均レベルを引き上げるかもしれない。

たとえば、どれくらい活動的で、力強く、覚醒していると感じるかは、その多くが自分たちのすることに依存している。これらの感情は難しい仕事に関わっている時、より激しくなる。そして、挑戦したことに失敗した時や、何にも挑戦しようとしない時、より弱くなる。だからこれらの感情は、われわれがしようと選ぶものに直接的に影響を受ける。活動的で力強さを感じている時、われわれはまた、より幸福だと感じているだろう。だから、行動の選択がじかにわれわれの幸福に影響を与えるのである。同様に、ほとんどの人は、一人でいる時よりもほかの人といる時の方が、自分はより元気がよく社交的であると感じている。もう一度言うが、元気がよいことや社交的であることは幸福と関連している。このことは、なぜ外向的な人の方が内向的な人よりも、平均して幸福である傾向にあるか、ということの説明になるだろう。

生活の質は幸福だけによるのではなく、幸福になるために人が何をするかにもよる。もし、その人の存在に意味を与える目標を進展させるのに失敗したら、もし、精神を容量いっぱいまで働かせなかったら、その時は、よい感情は潜在能力のごく一部を発揮させるにすぎないだろう。ヴォルテールの『カンディード』のように、「自分自身の庭を耕す」ために、世界から引きこもることによって満足に到達する人は、すばらしい生活にたどりつけるとはいえない。夢もなく、危険もなくては、生きることのほんのささいなうわべだけしか成し遂げられないのである。

感情は意識の内面の状態に関係する。悲しみや恐れ、不安、退屈といったネガティブな感情は、精神に「心理的エントロピー」を生み出す。心理的エントロピーは、精神の主観的秩序を立て直すのに注意力が必要となり、そのため、外部の仕事を処理するのに注意力を効果的に用いることができない状態である。幸福や力強さ、覚醒感といったポジティブな感情は、「心理的ネゲントロピー」の状態である。心理的ネゲントロピーの状態では、思いめぐらせたり他人にすまないと感じたりするための注意力が必要なく、心理的エネルギーは、自分が決めたどんな考えや仕事にも自由に流れ込むことができる。

与えられた仕事に注意を注ぐことを選んだ時、心構えをするとか、自分の目標を設定したと言う。どれだけ長く、またどれだけ激しく目標に向かってがんばるかは、モチベーションの機能である。それゆえに心構えや目標、モチベーションはまた、心理的ネゲントロピーの表れでもある。それらは心理的エネルギーを集中させ、優先順位を定め、そのようにして意識の秩序を創造する。それらなしには、精神の処理過程はランダムになり、感情は急速に退廃していくだろう。

目標はふつう、角の店までアイスクリームを買いに行くというようなささいなことから、国のために命を危険にさらすということまで、階層的に整理される。平均的な一日のコースでは、人は約三分の一の時間、したかったことをしていると言う。三分の一はしなければならなかったから、残り三分の一はほかにすることがなかったから、と言う。これらの割合は年齢や性別、活動によって変化する。子どもたちは父親よりも、男性は女性よりも選択肢が多いと感じている。家ですることはなんでも、職場ですることよりも自主的にしていると思われている。

していることが自発的なことであれば、人は最も気分よく感じるのに対して、していることが義務的であっても最悪だとは感じないということが、ちょっとした証拠からわかる。それよりむしろ、心理的エントロピーは、自分のしていることはほかに何もすることがないために動機づけられているのだと感じる時に、最も高くなる。このようにして内発的なモチベーション（それをしたいと思う）と外発的なモチベーション（それをしなければならない）とは、両方とも、注意を集中するべきどんな目標ももたず、ほかにすることがなくて行動する状況よりも望ましい。多くの人がこのようにモチベーションのないものとして体験する生活の大部分は、改善のための大きな余地がある。

目標は長期にわたるものになりがちであるのに対して、心構えは心理的エネルギーを短期間で集中させる。そして結局は、なろうとしている自己の種類を形づくり、決定するものは、追求する目標だろう。マザー・テレサを修道女にならせたものも、それとはまったく違う歌手にマドンナをならせたものも、両方とも、人生を通して注意を注ぎ続けることのできる目標である。首尾一貫した目標の設定なしには、首尾一貫した自己を発達させることは難しい。目標によって生じた心理的エネルギーを繰り返し注ぐことを通して、人は体験の中に秩序を創造できるのである。この秩序は、予測のつく行動や感情、選択の中にはっきり示され、ゆくゆくは多かれ少なかれ独特な「自己」として認識可能になる。

人がもっている目標はまた、その人の自尊感情を決定する。ウィリアム・ジェームズ〔アメリカの哲学者、心理学者〕が一〇〇年以上前に指摘したように、自尊感情は成功への期待の割合によって決まる。目標を高く設定しすぎたり、成功が少なすぎたりすると、自尊感情は低くなるかもしれない。そのため、最も多くのことを達成する人が最も高い自尊感情をもつだろうというのは、必ずしも正しくない。想像とは反対に、すばらしい成績のアジア系アメリカ人の学生は、学業では彼らよりも成功していないほかのマイノリティーよりも、自尊感情が低い傾向がある。なぜなら彼らの目標は、彼らの成功に比べてより高く設定されているからである。フルタイムで働く母親は、まったく働かない母親よりも自尊感情が低い。なぜなら、彼女たちはより多くのことをやり遂げているが、それでも、期待するものは達成するものより大きいからである。このことから、一般的に知られていることとは反対に、子どもの自尊感情を増大させることは、必ずしもよい考えというわけではないことになる。とくに、それが子どもたちの期待を低めることによって達成される場合には。

心構えや目標に関して、ほかにも間違った考えがある。たとえば、ヒンドゥー教や仏教のさまざまな宗派のような東洋の宗教は、幸福の前提条件として、意図してなすことの排除を命じていると指摘する人がいる。目標のない存在になることで、すべての欲望を放棄することによってのみ、人は不幸を避けられると彼らは主張する。この考えの流れによってヨーロッパとアメリカの多くの若者が影響を受け、完全に自然で成り行きまかせの行動だけが賢明な人生に導くということを信じて、すべての目標を拒絶することを試みた。

私の考えでは、東洋のメッセージのこの理解の仕方はかなり浅薄である。結局のところ、欲望を排除することはそれ自体、途方もなく難しく意欲的な目標である。ほとんどの人は、遺伝的な、また文化的な欲望に完全にプログラムされており、これらの欲望すべてを静めるにはほとんど超人的な意志の作用が必要である。自然な状態でいることによって、目標を設定することを避けようと期待する人は、本能と教育によって課された目標に、ふつう、ただ盲目的に従う。彼らはしばしば最後には、善良な仏教僧をぞっとさせるくらい卑しく好色で偏見のある人間になる。

東洋の宗教の真実のメッセージは、すべての目標を排除することではないと私には思える。彼らが伝えていることは、人が無意識に形成する心構えのほとんどは、疑われる運命にあるということである。欠乏に支配される危険な世界で確かに生き残るために、遺伝子は、貪欲であること、権力を欲すること、他人を支配することをプログラムした。同じ理由から、われわれが生まれ落ちた社会的グループは、言語と宗教を共有する人々だけが信頼できると教える。過去の惰性は、目標のほとんどが遺伝子または文化的遺産によって形成されることを命じ、仏教が伝えているのは抑制を学ばなければならないという目標である。しかし、この目標は非常に強いモチベーションを要求する。逆説的に、プログラムされた目標を拒絶するという目標は、その人のすべての心理的エネルギーを一貫して注ぐことを要求するかもしれない。ヨガの行者や仏教僧は、プログラムされた欲望が意識に侵入してくるのを防ぐために、すべての注意力を必要とする。そうすると、何かほかのことを自由に行うための心理的エネルギーはほとんど残されていない。このようにして、東洋の宗教の実践は、西洋でふつう解釈されてきたのとは、ほとんど逆なのである。

自分の目標を管理する方法を学ぶことは、毎日の生活ですばらしいことを達成するための重要なステップである。しかしながら、そうすることは、一方にある自然的な行動の行きすぎも、もう一方にある強迫観念的なコントロールも含まない。最もよい解決法は、自分のモチベーションの根源を理解することかもしれない。そして同時に、社会や物質的環境にひどい無秩序を引き起こすことなしに、自分の意識に秩序をもたらすであろう目標を選ぶために、自分の欲望やすべての劣等感に含まれる偏見を認識することかもしれない。これ以下の努力しかしないということは、自分の潜在能力を発展させる機会を逃すことであり、これ以上に努力することは、挫折に向けて自分自身を奮い立たせることである。

意識の三つ目の内容は、認識の精神作用である。思考は非常に複雑なことがらなので、ここで体系的に思考について論じることは、まったく不可能である。その代わり、思考は主題を単純化するために意味があるので、毎日の生活との関係で思考について論じたい。われわれが思考と呼ぶものは、それによって心理的エネルギーが秩序を得る過程でもある。感情は組織全体を接近または回避モードに動員することによって注意を集中させる。目標は欲求された結果のイメージを与えることによって注意を集中させる。思考は何か意味のある方法で互いに関係づけられたイメージの連続を生み出すことによって、注意を秩序立てる。

たとえば、最も基本的な精神作用の一つは、原因と結果を関連づけることである。人の生活においてこれがどのようにして起こるかは、幼児が初めて、自分の手を動かすとベビーベッドの上に吊られたベルが鳴ることを発見する時に、簡単に観察される。この単純な関係は、後の大部分の思考の基礎となるパラダイムである。しかしながら、時とともに、原因と結果から引き起こされるステップは徐々に、より抽象的になり、具体的な現実から離れていく。電気技術者や作曲家、株式仲買人は、彼らが頭の中で操作しているシンボルの何百ものありうる関係を一度に熟慮する――ワットとオーム、音符と拍子、株の買値と売値などを。

感情、心構え、思考は、体験の別々の要素として意識を通り抜けるのではなく、一貫して互いに連動し、修正しあうことが、ここまでに明らかになったと思われる。若い男性が女性に恋をすると、恋に伴うすべての典型的な感情を体験する。彼は彼女の心を獲得したいと思い、この目標に到達するための方法を考え始める。彼は、しゃれた新車を手に入れて彼女の注意を惹くのに成功した自分を心に描く。すると今や新車を買うために金を稼ぐという目標が、求愛という目標の中に埋め込まれる。しかし、もっと働かなければならないということは、魚釣りに行くことを妨げ、ネガティブな感情を生み出すかもしれない。そこで、その感情が新しい考えを生み出し、今度はその考えが、目標を感情に同調させてしまうかもしれない……。体験の流れはいつも、このような多くの情報のかけらを同時発生的に運んでくるのである。

どんな深さでも、精神作用を追い求めるためには、人は注意を集中することを学ばなければならない。集中しなければ意識はカオスの状態にある。精神の通常の状態は、一種の情報の無秩序である。ランダムな思考は、論理的因果関係の連続をなして整列する代わりに、互いに追いかけ合う。集中することを学ばなければ、また努力を注ぐことができなければ、思考はどんな結論にたどりつくこともなく、散り散りばらばらになる。空想でさえ――それはある種の精神的な映画を創造するために楽しいイメージをつなぎ合わせる――集中する能力を必要とする。そして明らかに、多くの子どもたちが、空想できるほどに注意のコントロールができるようには、決してならないのである。

感情やモチベーションを伴わない時には、集中はより努力を要求する。数学が大嫌いな学生は、計算の教科書の中の情報を抽象化するのに十分なほど長く注意を集中するのは大変だろう。そして、彼がそうするためには強い誘因を要するだろう（試験に合格したいというような）。通常、精神的な作業が難しければ難しいほど、それに集中するのは大変になる。しかし、好きなことをしている時やモチベーションがある時には、客観的には非常に難しい時でさえ、精神を集中させるのは楽になる。

一般的に、思考の問題が出現すると、ほとんどの人は、当然知性をもって処理しなければならないと考える。彼らは思考の個人差に興味をもつ。「私のＩＱはいくつだろう?」「彼は数学の天才だ」というように。知性はさまざまな精神作用に関係する。たとえば、どれくらい簡単に頭の中で数量を表現し、巧みに扱えるか。また、言葉で指示された情報に対してどれくらい敏感か。しかしハワード・ガードナーが示してきたように、知性の概念の範囲を広げて、筋肉の感覚、音、感情、目に見える形といった、あらゆる種類の情報を識別し使用する才能を含めることは可能である。音に対する平均的な感覚以上のものをもって生まれてくる子どもたちもいる。彼らは音質や音の高さをほかの人よりも聞き分けることができる。そして成長するにつれて、仲間たちよりも簡単に、楽譜を読みハーモニーを生み出せるようになる。同様に、人生の始まりにおいては小さな利点が、視覚や運動神経、数学の能力の大きな違いに発展する。

しかし、生来の才能は、注意をコントロールできるようにならなければ、成熟した知性には発達しない。心理的エネルギーの広範囲にわたる投資を通してのみ、音楽の天性の才能をもつ子どもは音楽家になることができ、数学の天性の才能のある子どもはエンジニアか物理学者になることができる。成人の専門家が行うと思われる精神作用のために必要な知識とスキルを吸収するには、多大な努力が必要である。モーツァルトは神童で天才だったが、もし彼の父親が、おむつが取れてすぐに練習するよう強制しなかったら、彼の才能があのように花開いたかどうかは疑わしい。集中できるようになることで、人は、すべての思考のもととなる基本的な燃料である心理的エネルギーに対するコントロールを習得する。

毎日の生活の中で、体験のさまざまな内容が互いに歩調を合わせることはまれなことである。職場では、上司が激しい思考を要求する仕事をくれると、注意が集中される。しかし、この仕事はふつう自分がやりたがっているものではなく、そのため内発的にモチベーションを感じるというわけではない。同時に、一〇代の息子の突飛な行動のことが心配で、気を散らしてしまう。そのため、精神の一部は仕事に集中しているのだが、完全に没頭しているわけではない。その状態は精神がすっかりカオスになっているわけではないが、意識の中にはかなりのエントロピーがある。思考、感情、心構えは集中し、そして消え、正反対の衝動を生み、さまざまな方向へ注意を引っ張る。つまり、もう一つの例を考えてみると、人は仕事の後で友人たちと酒を飲むのを楽しむかもしれないが、家族の待つ家へ帰らないことに罪悪感を感じるかもしれないし、時間とお金の浪費をして自分自身に腹を立てるかもしれないのである。

これらのシナリオはどれもふつうにありうることである。毎日の生活は、そのようなことであふれている。われわれは、心と意志と精神が同調している時にやってくる晴れ晴れとした気持ちをめったに感じない。相反する欲望、心構え、思考が意識の中で互いに争うと、それらを整列させておくことができないのである。

しかし、ここでいくつかの選択肢について考えてみよう。たとえば、想像してみてほしい。スキーをしていて、すべての注意は肉体の動きやスキーの状態、頰にあたる風、過ぎ去っていく雪で覆われた木々に集中している。あなたの認識には争いや矛盾の入る隙はない。気を散らすような考えや感情をもっていると、雪の中に顔から突っ込むことになると、あなたは知っている。そして誰が気を散らしたいと思うだろうか。滑りは完璧なので、望むことはただ、自分自身を完全にその体験に没頭させるために、永遠にそれが続いてほしいということである。

もしもスキーがあなたにとってそんなに意味がないのなら、好きな活動をこの描写の代わりにするとよい。合唱隊の中で歌うことでもいいし、コンピュータをプログラムすること、踊ること、ブリッジで遊ぶこと、よい本を読むことでもいい。もし多くの人と同じように仕事が大好きなら、あなたが没頭している時というのは、複雑な外科手術や細かいビジネスの問題に関わっている時でもありうる。また、この活動への完全な没頭は、親友が語り合う時や母親が赤ん坊と遊ぶ時のような、社会的交流において起こることもある。このような瞬間に共通しているのは、意識が体験でいっぱいであることである。そしてこれらの体験は互いに調和している。毎日の生活の中で非常によく起こることとは反対に、このような瞬間にわれわれが感じること、望むこと、考えることは調和しているのである。

これらのすばらしい瞬間は、私がフロー体験と呼んできたものである。「フロー」という隠喩は、苦もなく行動できる感覚を多くの人が表現したものである。彼らはその瞬間に、人生の中の一番よい時としてそれが現れるのを感じるのである。そのことを、運動選手は「ゾーンに入った」と言い、宗教的な神秘主義者は「エクスタシー」の中にいると言い、画家や音楽家は美的な恍惚状態であると言う。運動選手も神秘主義者も画家も、フローに達する時は全然違ったことをしている。しかし彼らの体験の描写は非常によく似ている。

フローは、適切な反応を必要とするはっきりした目標に向き合う時に起こる傾向がある。チェスやテニス、ポーカーといったゲームでフローを体験するのは簡単である。なぜならそれらには行動のための目標とルールがあり、プレイヤーが何をするべきか、どうやってするべきかを疑問に思うことなく行動することを可能にするからである。ゲームの持続のために、プレイヤーは、すべてが白か黒かの自己充足した世界に生きている。宗教的な儀式や音楽の演奏、機織り、コンピュータプログラムの作成、登山、外科手術などにも、同様の目標の明確さがある。フローを引き起こす活動を「フロー活動」と呼んでもよいだろう。というのは、それらはより、フロー体験が起こりやすいようにするからである。ふつうの生活とは対照的に、フロー活動は、人が明確で自分に合った目標に集中できるようにするのである。

フロー活動のもう一つの特徴は、すぐにフィードバックを与えることである。それによって、自分がどれくらいうまくできているかがはっきりわかる。ゲームのそれぞれの動きの後、自分の立場がよくなったか悪くなったかはすぐにわかるだろう。一歩ごとに、登山家は少しずつ上に登っていることがわかる。一小節ごとに、自分が歌った音程は楽譜と合っていたかがわかる。織り手は一織りごとに、あるべきタペストリーの模様と合っているかどうかがわかる。外科医はすべての動脈を避けて切れたかどうか、突然の出血がなかったかどうかがわかる。仕事で、または家で、どうすればいいか手がかりのないまま長い間探し求めることがあるかもしれないが、フローにいる間はいつもそれがわかるのである。

フローは、スキルがちょうど処理できる程度のチャレンジを克服することに没頭している時に起こる傾向がある。最適な体験は、ふつう、行動能力〔スキル〕と行動のために利用できる機会〔チャレンジ〕とのすばらしいバランスを要件とする（図1）。もしチャレンジが高すぎて失望すると、心配し、徐々に不安に移行する。もしチャレンジがスキルに比べて低すぎて、くつろぐと、退屈してしまう。もしチャレンジもスキルも低いとわかったら、人は無気力になるだろう。しかし、チャレンジとスキルが高いところで一致したら、ふつうの生活から離れたフローを提示してくれる、深い没頭が起こるだろう。登山家は山がすべての力を要求する時にそれを感じるだろう。歌手は歌が歌唱能力いっぱいの音域を要求する時に、織り手はタペストリーのデザインがこれまでにないほど複雑な時に、外科医は手術が新しい処置を含んでいたり、予期せぬ変化を要する時に、それを感じるだろう。典型的な一日は不安と退屈に満ちている。フロー体験はこのさえない背景に、強烈な生の輝きを与える。

図1
チャレンジとスキルの相関関係の作用としての体験の質。両方の変数が高い時に最適経験またはフローが起こる。

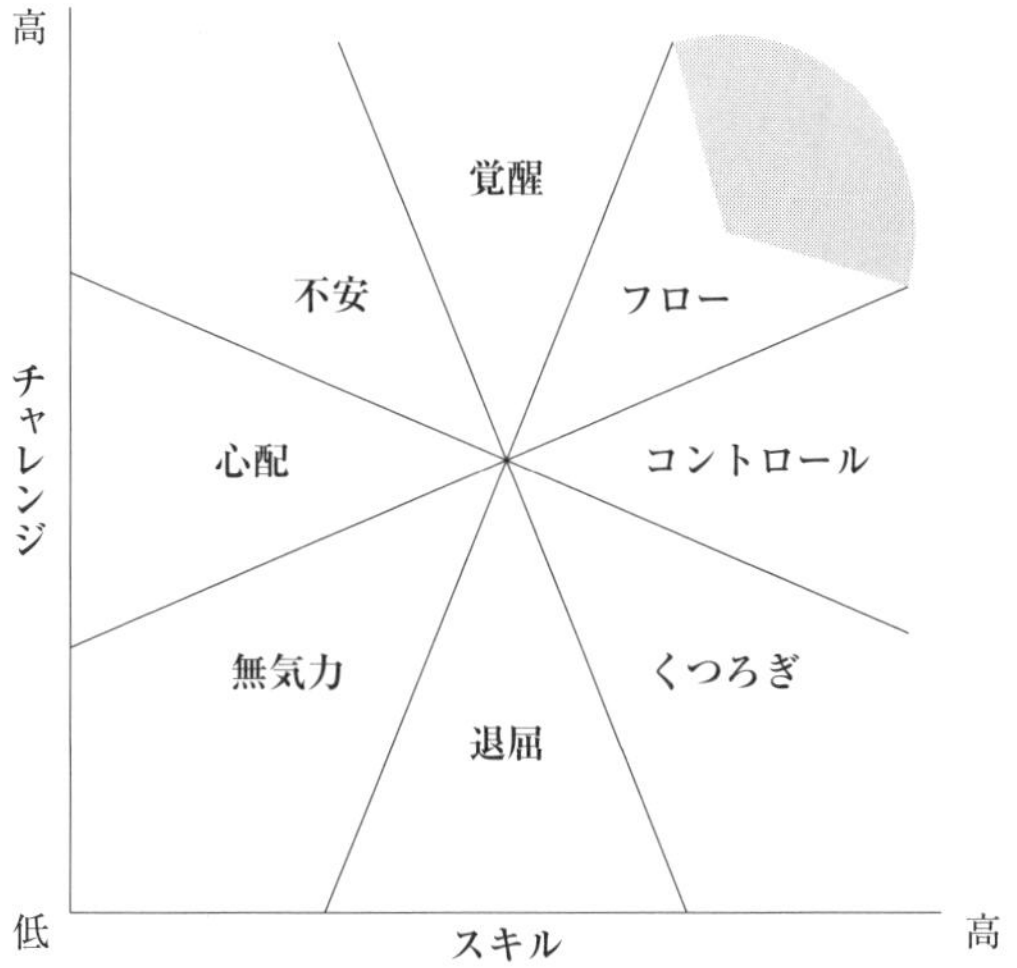

（出典：Massimini & Carli 1988; Csikszentmihalyi 1990 より改変）

目標が明確で、フィードバックが適切で、チャレンジとスキルのバランスがとれている時、注意力は統制されていて、十分に使われている。心理的エネルギーに対する全体的な要求によって、フローにある人は完全に集中している。意識には、考えや不適切な感情をあちこちに散らす余裕はない。自意識は消失するが、いつもより自分が強くなったように感じる。時間の感覚はゆがみ、何時間もがたった一分に感じられる。人の全存在が肉体と精神のすべての機能に伸ばし広げられる。することはなんでも、それ自体のためにする価値があるようになる。生きていることはそれ自体を正当化するものになる。肉体的、心理的エネルギーの調和した集中の中で、人生はついに非の打ち所のないものになる。

人生にすばらしいことをもたらすのは、幸福というよりも、フローに完全に熱中することである。フローを体験している時、われわれは幸福ではない。なぜなら幸福を体験するためには、自分たちの内面の状態に集中しなければならず、それは注意力を仕事や手元から遠ざけることになるからである。もしロッククライマーが難しい動きを切り抜ける途中で、幸福を感じるために時間を取ったら、谷底に転がり落ちるかもしれない。外科医は難しい手術の間、音楽家は難しい楽譜を演奏している間、幸福を感じる余裕はない。ただ、仕事がやり遂げられた後にだけ、何が起きたのか振り返る余裕の時間があり、それからその体験のすばらしさへの感謝でいっぱいになるのである。つまり、回想の中でだけ、幸福になれるのである。しかし、フローを体験せずに幸福になれる可能性もある。肉体を休ませ受身の喜びを体験する時、暖かい太陽の光、穏やかな人間関係に心休まる時、幸福になれる。これらもまた、尊ぶべき瞬間であるが、この種の幸福は非常に壊れやすく、好ましい外因的な事情に依存している。フローに導かれる幸福はわれわれ自身がつくるものであり、意識の中の複雑さを増大させ成長を促すのである。

図1からはまた、なぜフローが個人的成長を導くのかが読み取れる。グラフで「覚醒」のエリアにいる人を仮定してみよう。これは悪い状況ではない。覚醒では、人は精神的に集中し、活動的で、没頭している。しかしそれほど力強さを感じず、愉快でもなく、コントロールできていないと感じ

ている。どうすればもっと楽しいフローの状態に戻れるだろうか。答えは明白である。新しいスキルを学習すればよい。また、「コントロール」と名付けられたエリアを見てみよう。これもまた体験のポジティブな状態である。ここでは人は幸福で力強く、満足していると感じる。しかし集中と没頭に欠け、自分のしていることが重要だと感じられない傾向がある。それでは、どうすればフローに戻れるだろうか。チャレンジを高めればよいのである。こういうわけで、覚醒とコントロールは学習のために非常に重要な状態である。ほかの状況はこれより好ましくない。たとえば、不安か心配の状態の時、フローへのステップは非常に遠く感じられることがよくあり、人はうまく対処しようとするのではなく、もっとチャレンジの少ない状況に後退する。

このように、フロー体験は学習のための磁石として働く。つまり、新しいレベルのチャレンジとスキルを発展させるのである。理想的な状況では、行うことをなんでも楽しんでいる間、人は絶えず成長し続けるだろう。しかし、事実はそうではないことをわれわれは知っている。ふつう、人はフローの領域に移動するには退屈しすぎ、無気力でありすぎている。それでわれわれは、ビデオの棚から取り出す、出来合いの包装済みの刺激やほかの種類の商業的娯楽で精神をいっぱいにする方を好む。または適切なスキルを発展させられると想像するには、精神的に押しつぶされすぎていると感じるので、麻薬やアルコールのような人工の弛緩剤から生まれる無気力へ落ちていくことの方を好む。最適の体験にたどりつくためにはエネルギーを必要とする。そして非常に多くの場合、最初の努力を発揮することができないか、したくないのである。

人々はどれくらいの頻度でフローを体験するのだろうか。それはフローの例として理想的な条件に少し似ているだけのものさえ、喜んで数に入れるかどうかによる。たとえば、もし典型的なアメリカ人のサンプルに「あなたは、ほかのことがどうでもよくなるほど、また時間を忘れて、何かに非常に深く没頭したことがありますか?」と尋ねたなら、およそ五人に一人がイエスと答えるだろう。これは彼らにはしばしば、一日に何回も起こるものなのである。ところが、約一五パーセントの人はノーと答えるだろう。フローは彼らには決して起こらないのである。これらの頻度はまったく安定していて、世界的であるように思われる。たとえば、六、四六九人のドイツ人の典型的なサンプルについての最近の調査では、同じ質問への回答が次のようになった。よくある―二三パーセント、時々―四〇パーセント、めったにない―二五パーセント、一度もない、わからない―一二パーセント。もちろん、最も強烈で程度の高いフロー体験だけを数えるなら、この頻度はもっとずっと少なくなる。

フローは一般的に、自分の好きなことをしている時に報告される。ガーデニング、音楽鑑賞、ボウリング、ごちそうを作っている時など。それはまたドライブや友人と話している時、また驚くべきことに、仕事中にも起こる。テレビを見たりくつろいだりというような、受身的レジャー活動をしている時には、フローはほとんど報告されない。しかし、適切な要素が存在するならば、どんな活動でもフローをもたらすことができるので、明確な目標、迅速なフィードバック、活動の機会とバランスのとれたスキルをもち、さらにフローの残りの条件が日常生活の恒常的な一部となるようにしておくことで、毎日の生活の質を高めることは可能である。

第3章

さまざまな体験をどう感じているか

人生の質は、割り当てられた七〇年かそこらの間に何をするか、また何を意識するかによって決まる。さまざまな活動は多くの場合、かなり予測のつく形で体験の質に影響を及ぼす。もし一生の間、気の滅入るようなことしかしなかったら、とても幸福な人生をまっとうしたとは思えないだろう。ふつう、どんな活動にもポジティブな面とネガティブな面がある。たとえばものを食べる時は、ふだんよりもポジティブな感情を感じる傾向がある。一日の間の人の幸福度のグラフは、サンフランシスコ湾を横切るゴールデンゲートブリッジの形に似ている〔二か所高いところがある〕。というのは、幸福度の高いところは食事時に対応しているからである。同時に、食事時には精神の集中度はかなり低くなり、フローを体験することはめったにないという傾向がある。

活動による心理的影響は一次元的なものではなく、ほかのすべての行為との体系的な関係によって決まる。たとえば、食事はよい雰囲気の源だが、二四時間ぶっ通しで食べても幸せな気分にはなれない。食事は幸福度を高めるが、われわれは起きている時間のうち、たった五パーセントくらいしか食事にあてていない。もし一日の一〇〇パーセントを食事にあてたら、すぐに、食事はやりがいのあることではなくなるだろう。同じことが、人生の中にあるほかのよいこと——セックス、くつろぎ、テレビ鑑賞など——にも当てはまる。それらは、少量なら人生の質をかなり向上させるが、たくさん行えば行うほどよい影響を与えるというわけではない。収穫逓減の法則〔資本の投入から得られる収穫は、投入量の増加に従ってある点までは増えるが、それを超えると次第に減少するという法則〕の

表２　毎日の活動における体験の質

近年のアメリカの研究で典型的な成人とティーンエイジャーが報告した昼間の活動に基づく。

さまざまな活動における典型的な体験の質は，以下のように示される。

－はネガティブ，－－は非常にネガティブ，○は平均的またはどちらでもない，＋はポジティブ，＋＋は非常にポジティブを示す。

	幸福	モチベーション	集中	フロー
生産的活動				
仕事，勉強	－	－－	＋＋	＋
生活維持活動				
家事	－	－	○	－
食事	＋＋	＋＋	－	○
身づくろい	○	○	○	○
車の運転，移動	○	○	＋	＋
レジャー活動				
メディア（テレビ，読書）	○	＋＋	－	－
趣味，スポーツ，映画	＋	＋＋	＋	＋＋
会話，社交，セックス	＋＋	＋＋	○	＋
何もしていない，休息	○	＋	－	－－

（出典：Csikszentmihalyi and Csikszentmihalyi 1988; Csikszentmihalyi and Graef 1980; Csikszentmihalyi and LeFevre 1989; Csikszentmihalyi，Rathunde，and Whalen 1993; Kubey and Csikszentmihalyi 1990; Larson and Richards 1994）

点に、すぐ達するのである。

人が日常生活のさまざまな構成要素を典型的にどのように体験するかについて、非常に簡略な説明が表2に示されている。ここに示される通り、成人なら仕事をしている時（子どもなら学校へ行っている時）に平均より幸福度が低くなり、モチベーションはふつうよりかなり低くなる傾向がある。同時に、集中度は比較的高くなり、そのため一日のうちのほかの時間よりも、精神作用はよく働いているようである。驚くべきことに、仕事はまた、しばしばフローを生み出す。おそらく、仕事の時にはチャレンジもスキルも高くなり、目標は明確で、フィードバックは迅速になる傾向があるためだろう。

もちろん、「仕事」は非常に広いカテゴリーなので、その正確な一般概念をつかむことは不可能なように思われる。第一に、働いている時の体験の質は、その人の仕事の種類によるのではないかと考えることは意味がある。交通渋滞の整理係は、夜間警備員よりも自分の仕事に深く集中するに違いない。自営の企業家はおそらく、政府の役所に勤めている事務員よりも、仕事に対するモチベーションが高いだろう。これが真実である一方、仕事それぞれの差異にもかかわらず、仕事というものの固有の特徴が、確かに存在する。たとえば、仕事をしている時のマネージャーの体験は、家にいる時の彼ら自身の体験よりも、組み立てラインの作業員の体験に似ているのである。

仕事の一般概念についてのもう一つの問題は、同じ仕事がさまざまな体験をさせる多くの面をもつということである。あるマネージャーはプロジェクトに関わるのは大好きだが会議に出席するのは大嫌いかもしれないし、一方、ある組立工は機械を組み立てるのは大好きだが在庫目録をつくるのは大嫌いかもしれない。それにもかかわらず、ほかの一般的な種々の活動と比較して、仕事での体験に特有の質について語ることは、なお可能である。フロー活動に似ていればいるほど、われわれはより夢中になり、体験はよりポジティブになる。仕事が明確な目標や明白なフィードバック、コントロールしている感覚、ワーカーのスキルに見合ったチャレンジを提示し、注意散漫になることが少ない時には、仕事がもたらす感覚は、スポーツや芸術活動をしている時に体験する感覚と、それほど変わらないものになる。

生活維持活動の体験的な面は、まったく多様である。家事を楽しむ人はほとんどおらず、一般的にすべての次元でネガティブか、どちらでもない傾向にある。しかし、もっと細かい点を見てみたら、料理はたいてい、とくに掃除と比較して、ポジティブな体験であることに気づくだろう。個人的なケア――身体を洗う、服を着るなど――は、ふつうポジティブでもネガティブでもない。先に述べた食事については、あまり認識的な活動ではなく、めったにフローの機会にもならないという事実の一方、感情やモチベーションという点では、一日のうちの最もポジティブな部分の一つである。

車の運転は、生活維持活動の最後の最も大きな構成要素であり、驚くべきことに人生のポジティブな部分である。幸福とモチベーションという点ではポジティブでもネガティブでもないが、運転にはスキルと集中力が必要なので、人生のほかの部分におけるよりもよくフローを体験する人もいる。

予想通り、レジャーは一日のうちのよりポジティブな体験となる傾向がある。レジャーは人が最もモチベーションを感じる時であり、やりたいことをやっているという時である。しかしまた、驚くべきことがある。メディアの消費や休息といった受身的レジャーは、モチベーションもあり、かなり幸福な活動である一方、ほとんど精神集中を伴わず、めったにフローを生み出すことはないのである。社交——交流そのもの以外にはほとんど先行きの目的をもたずに人と話すこと——は、一般的に非常にポジティブだが、めったに深い精神集中は伴わない。恋愛とセックスは一日のうちの一番すばらしい瞬間ではあるが、ほとんどの人にとってこれらの活動はめったにないものなので、もし、感情的・知的なやりがいをもたらす持続的な関係の前後にあるものとして考えなければ、人生の質全体に多くの違いを作り出すものではない。

積極的レジャーは、非常にポジティブな体験のもう一つの源である。運動をしたり、楽器を演奏したり、映画やレストランに出かけたりといった自分の趣味のことをしている時、人はより幸福で、モチベーションが高く、集中しており、さらに、一日のほかの時よりもよくフローを体験する。体験のすべてのさまざまな次元が最も強烈に焦点を当てられ、互いに調和するのは、この場面なのである。しかし思い出すべきなのは、積極的レジャーはふつう、人の自由時間の四分の一から五分の一しか占めない。そして多くの人にとって、テレビ鑑賞のような受身的レジャー活動に費やされる時間のせいで、ひどく影を薄くされている。

表2のパターンのもう一つの見方として、どの活動が最も幸福だろうか、どれが最もモチベーションが高いだろうか、という見方がある。その点を見ると、幸福度は食事と積極的レジャー、人と話している時に高いことがわかる。仕事をしている時と家事をしている時は幸福度が最も低い。

モチベーションも同様のパターンを示す。付け加えると、受身的レジャーは人を幸福にはしないが、われわれはふつう、どうしてもそれをしたがるのである。集中の度合いは、仕事をしている時、運転している時、積極的レジャーをしている時に最も高くなる。これらは一日を通して、最も精神的な努力が必要な活動である。同じ活動がまた、最もフローをもたらす率が高く、他者との親しい交際もそうである。このようにパターンを見ると、積極的レジャーは全体を通して最もよい体験をもたらすことがわかる。一方で家事、個人的なケア、休息は最もよくない体験となる。

そこで、人生の質を向上させるための第一歩は、最もやりがいのある体験を得られるように、毎日の活動を巧みに処理することにある。これは簡単なように聞こえるが、習慣の惰性や社会的圧力がとても強いので、多くの人は、ほんとうに楽しめる人生の構成要素はなんなのか、ストレスやうつの原因となるのはなんなのかということがわからない。日記をつけたり、夜、過ぎた一日に思いをめぐらせたりするのは、自分の気分に対するさまざまな影響を系統立ててじっくり検討する方法である。一日の中で、どの活動が高得点を生み出したかがはっきりしたら、ポジティブな活動の頻度を増やし、ほかの活動の頻度を減らして、実験を始めることができる。

これがどのように働くかについての少し極端な例が、オランダのある大きなコミュニティの精神衛生センターを管理する精神科医、マルテン・ドフリースによって報告されている。彼の病院では、一日の中で何をしているのか、何について考えているのか、どのように感じているのかを知るために、患者に定期的にＥＳＭを行っている。患者の一人は慢性の統合失調症の女性で、一〇年以上も入院していた。彼女はふだんは混乱した思考パターンと深刻な精神疾患による感情の低さを示した。しかし、二週間のＥＳＭ研究を通して、彼女は完全にポジティブな気分を二度報告した。どちらの場合も、彼女は自分の爪の手入れをしていた。それを考えると、スタッフがプロのネイリストに彼女の職業訓練をしてもらったのは、価値ある試みである。その患者は熱心に説明を受け、間もなくほかの患者の爪の手入れをするようになった。彼女の気質は急激に変化したので、監督下ではあるが社会復帰した。彼女はドアに小さな看板をかけ、その年のうちに一人でやっていけるようになった。爪を切ることがなぜこの女性に必要なチャレンジになったのか、誰にもわからない。そして、もし誰かがこの話を精神分析的に解釈してくれたとしても、おそらく誰も知りたがらないだろう。事実は、この人にとって、人生のこのステージでネイリストになることによって、少なくとも、フローに似たものが人生に入り込んだということである。

イタリアのミラノ大学のファウスト・マシミーニ教授とそのスタッフは、診断の手立てとしてもＥＳＭを適用している。そしてそれを、幸福度を高める可能性のある活動のパターンを変化させることによって、各人に合わせた指導方法を作成するのに用いている。もし、ある患者がいつも孤独でいたら、その人を社会とのつながりに導きそうな仕事かボランティア活動を見つけてあげるのである。もし、ある患者が他人を怖がっていたら、都市の混雑した通りに散歩に連れ出すか、ショーやダンスに連れて行くのである。患者は、安全なオフィスにいるより問題のある状況で、セラピストがいることで安心して、生活の質を改善する活動に難なく参加するようになることがよくある。

創造的な人々は、いつ、何を、誰と一緒にやれば一番うまくできるかをわきまえ、その方向に自分の人生を整理するのがとくにうまい。もし彼らが必要とするものが自然発生的で無秩序なものだとしても、それでも彼らはそれを確実に手に入れるだろう。小説家リチャード・スターンの、日常生活における「リズム」の描写は、まったく典型的である。

ほかの人のリズムも似ているのではないかと思います。どんな仕事であれ、仕事をしている人は誰でも、生活の中のある時間帯に日課や義務があって、その中で一人になったり、共同で仕事をしたりします。いずれにしても、自分自身のためにある種のスケジュールを考えます。これは単に対外的で外殻的なことではありません。その人自身の生理作用、ホルモン、組織的な自己との関係、また外部の世界との関係で大きな役割を果たすように思えます。構成要素はとてもありきたりかもしれません。たとえば朝、新聞を読みますね。私は何年も前はそうしたものでしたが、もう何年もやめていて、それで生活のリズムが変わりました、というようなことです。また血糖値の低い夕方にワインを一杯飲みますが、それを楽しみにしている、というようなことです。それからもちろん、仕事の時間もです。

毎日のリズムの主な特徴は一人になったり、ならなかったりすることである。重ねて言うが、われわれの発見は、人は一人になると落ち込むということを示している。そしてほかの人たちの仲間に加わると、再び生き生きするのである。一人でいる人は、一般的に、幸福度の低さ、モチベーションの低さ、集中度の低さ、無感情、そしてそのほかのネガティブな状態全般——消極性、孤独感、無関心、自尊感情の低さ——を報告する。一人でいることは、最も楽しみごとの少ない人——教育を受けられなかった人、貧しい人、独身の人、または離婚した人——に最も影響を及ぼす。人がほかの人と一緒にいるかぎり、病理学的な状態はあまり目につかない。それはほとんどの場合、一人でいる時に姿を現す。慢性的なうつ状態や摂食障害と診断されるような気分は、仲間と一緒にいて、集中を要する何かをしているかぎり、健康な人からは見受けられない。しかし、彼らが何もすることがなく一人でいると、その心は憂うつな考えで占領され始め、意識は無秩序でバラバラになる。これはまた、ほとんどすべての人に当てはまることである。

その理由は、われわれがほかの人、たとえ見知らぬ人とでも交流しなければならない時、注意力が外因的な必要性によって構築されるためである。他者の存在は目標を課し、フィードバックを与える。最も単純な交流——時間を尋ねるというような——さえ、それはそれでチャレンジであり、自分の対人関係のスキルに直面するのである。声の調子、ほほえみ、物腰や態度は、通りで見知らぬ人を呼び止め、よい印象を与えるためのスキルの一部である。より親密な出会いでは、チャレンジとスキルのレベルは、両方とも非常に高くなる。このように、交流はフロー活動の特徴をたくさんもっており、また確かに、秩序ある心理的エネルギーの傾注を必要とする。対照的に、一人でいて何もすることがないと、集中する必要は何もなく、精神はその時に起こったことを解明し始め、間もなく心配すべきことを見つけてしまうのである。

友人と一緒にいることは、最もポジティブな体験となる。その時、人は幸福であり、気を張り、社交的で、上機嫌で、モチベーションがあると報告する。これはとくにティーンエイジャーに当てはまるが、七〇代や八〇代の高齢者にも当てはまるのである。幸福の面での交友関係の重要さは、どれほど高く評価してもしすぎることはない。自分の抱えている問題に喜んで耳を傾けてくれたり、感情面で支えてくれる人が少なくとも一人いてくれれば、人生の質は大幅に改善する。国家調査によると、重要な問題を話し合える友人が五人以上いる人は、「自分は非常に幸福だ」と答える確率が六〇パーセント高い。

家族とともにいる間の体験は、友人と一緒にいるほどよくはなく、一人でいるほど悪くはなく、平均となる傾向がある。しかし、この平均はまた、大きな幅の結果でもある。人は家では、ある時にはひどくいらいらすることもありうるし、まったくの有頂天にもなりうる。仕事上では、大人はより深く集中し、より経験的な知識に基づく関わりをする傾向がある。しかし、モチベーションと幸福度は家にいる時の方が高い。同じことが、家にいる時と比較して、学校にいる時の子どもにも当てはまる。家族のメンバーは、しばしば、互いの交流をそれぞれ違った風に体験する。たとえば、父親は子どもといる時、ふつうポジティブな気分を報告する。子どもも第五学年までは同じ報告をする。その後、子どもは徐々に父親といるとネガティブな気分になると報告するようになる（少なくとも第八学年までは。それ以上になるとデータがない）。

親密な交際が体験の質に及ぼす強い影響を考えると、人間関係に心理的エネルギーを投資することは、生活を改善するよい方法だと思われる。近所の酒場での受身で表面的な会話でさえも、落ち込みを防ぐことができる。しかし、ほんとうの成長のためには、面白い意見をもち、会話が刺激的な人を見つける必要がある。より難しいが、長い目で見ればより有用であるという点で習得するべきスキルは、孤独に耐え、孤独を楽しみさえする能力である。

毎日の生活はさまざまな場所で展開される――家で、車で、職場で、通りで、レストランで。活動と親密な交際に加えて、場所はまた、体験の質に影響する。たとえばティーンエイジャーは、公共の公園のような大人の目の届かないところにいる時、最も気分よく感じる。学校や教会といった他人の期待に合わせて行動しなければならないような場所では、彼らは最も束縛を感じる。大人もまた公共の場を好み、友人と過ごしたり、自発的なレジャー活動をしたりするようである。これはとくに女性に当てはまり、家の外にいることは、しばしばいやな仕事からの解放を意味する。男性にとっては、公共の場にいることは仕事やほかの義務と関係することが多いのだが。

多くの人にとって、車の運転は自由とコントロールの感覚に最も密接に結びついている。彼らはそれを「考える機械」と呼ぶ。なぜなら運転中は、自分の個人的な乗り物の保護してくれる繭の中で、邪魔されることなく自分の問題に集中し、感情的な問題を解決することができるからである。シカゴのある製鋼工は、個人的な問題をひどくストレスに感じるといつも、仕事の後で車に飛び乗り、西に向かってミシシッピ川に着くまで運転し続ける。川辺のピクニック場で数時間を過ごし、静かに水が流れるのを見つめる。それから車に戻り、ミシガン湖に朝焼けが昇る頃に家に着くまでには、平安を感じている。多くの家族にとって、車は集いの場でもある。家では、両親と子どもは別の部屋でバラバラになって、別のことをしていることが多い。車に乗って出かける時には、一緒に話し、歌い、ゲームをする。

家の中のいろいろな部屋はまた、独自の感情的側面をもっている。なぜなら、それらは別の種類の活動のためにセッティングされているからである。たとえば、男性は地下室にいる時に気分のよさを報告するが、女性はそうではない。おそらく、男性は地下室へくつろぎに行くか、趣味のことをしに行くからだろう。一方、女性が地下室へ行くのは洗濯のためである。女性が家にいる時、一番気分よく過ごせるのはバスルームにいる時で、そこにいる間は比較的家族の要求から自由だといえる。キッチンにいる時は、比較的楽しい活動である料理に関わり、コントロールの状態にある

（男性は実際には女性よりも料理を楽しむ。これはきっと、男性は一〇回に一回しか料理せず、したがって自分のやりたい時にやれるからである）。

生活する環境がどのように人の精神に影響するかについて、多くのことが述べられてきたが、この問題についての体系的な知識は、実際にはほとんどない。遠い昔から、芸術家や研究者、宗教的な神秘主義者などは、最も安らかでインスピレーションのわく環境を注意深く選んできた。仏教の僧侶はガンジス川の源に身を落ち着け、中国の学者は趣のある島の東屋《あずまや》で書をしたためた。キリスト教の修道院は眺望のよい丘の上に建設された。現代のアメリカでは、研究機関や企業の開発研究所はふつう、池がありアヒルが泳いでいるか、水平線の向こうに海の見える丘陵地帯に造られる。

もし、創造的に考える人や芸術家についての報告書を信じるならば、その人に適した環境がインスピレーションと創造性の源となることがよくある。しばしばフランツ・リストの言葉が繰り返される。それはロマンチックなコモ湖で書かれたもので、「私の周りの自然のさまざまな特質が……私の魂の深みにある感情――ずっと音楽に書き表そうとしてきたもの――を刺激するのを感じる」というものである。一九六七年にノーベル化学賞を受賞したマンフレート・アイゲンは、彼の最も重要な洞察のいくつかは、スイス・アルプスへの冬の旅から生まれたと言う。彼はそこで、世界中から仕事仲間を招き、スキーをしたり科学について話し合ったりしたのである。もしもボーアやハイゼンベルク、チャンドラセカール、ベーテのような物理学者の伝記を読んだら、山登りや夜空を眺めることなしには、彼らの科学はそこまですばらしい結果は生まなかっただろうという印象を受けるだろう。

体験の質を創造的に変化させるために、自分の環境や活動、友人で実験することは有効かもしれない。出かけたり、休暇をとったりすることは、精神を明瞭にし、見方を変え、新鮮な目で状況を見ることに役立つ。家や職場の環境の管理を引き受けること、つまり余分なものを捨て、趣味に合わせて飾り直し、個人的また心理的に心地よいようにすることは、生活を再整理する第一歩となりうる。

バイオリズムがどれほど重要か、また、ブルーマンデーの感じ方と週末の感じ方とではどれほど違うかについて、よく聞くことがある。実際、毎日の体験のあり方は朝から晩まで大きく変化している。早朝と深夜はポジティブな感情の多くが低く、食事時と午後は高くなる。子どもたちが学校から帰る時と、大人が仕事を終えて家に帰る時には、最も大きな変化が起こる。意識にあるものすべてが同じ方向へ向かうというわけではない。たとえば夕方、友人と一緒に出かける時、ティーンエイジャーは何時間も続けて興奮が増大していくことを報告する。しかし同時に、徐々にコントロールを失っていくのを感じている。これらの一般的な傾向に加えて、多くの個人差がある。朝型の人と夜型の人とでは、一日の時間帯に逆の形で結びついている。

一週間のうちの何日かは評判が悪いにもかかわらず、全体として、人は多かれ少なかれ、毎日を次の日と同じように体験すると感じている。実際、予想通り、金曜日の午後や土曜日は、日曜日の夜や月曜日の朝よりもわずかによいが、違いは思ったほど大きくない。重要なのは、自分の時間をどのように計画するかである。何もすることがなければ、日曜日の朝はまったく憂うつなものになるだろう。しかし、計画していた活動や、教会へ行くようないつもの儀式を楽しみにしていたら、一週間のうちのハイライトになるだろう。

一つの興味深い発見は、たとえば週末や、勉強や仕事をしていない時に、頭痛や背中の痛みのような身体症状が、かなり多く報告されることである。ガンのある女性は、友人と一緒にいる時か、何かの活動に関わっている時は、その痛みさえ我慢できるものになる。痛みは、何もすることがなく一人でいる時にひどくなるのである。心理的エネルギーがはっきりした仕事にとどまっていないと、自分の身体の悪くなっているところに気づきやすくなるらしい。これはフロー体験について知られていることに当てはまる。たとえば伯仲した試合をしている時、チェスの選手は空腹にも頭痛にも気づかずに何時間も続けることができる。試合中の運動選手は、試合が終わるまで痛みや疲労に注意を払わないでいることができる。注意を集中すると、小さな痛みや苦しみは意識に上る機会がないのである。

もう一度言うが、生活のほかの条件と同じように、一日の時間との関わりで、自分にはどんなリズムが個人的に最も合っているかを見つけることは重要である。万人にとって一番よい日や、よい時間というものは存在しない。振り返ってよく考えてみることは、その人の好みを明確化するのに役立つ。そしてさまざまな選択での実験――早起きしてみたり、午後に昼寝をしてみたり、違った時間に食事をしてみたり――は、一番よい選択を見つけるのに役立つ。

これらすべての例において、人はまるでその内面の状態が、することや一緒にいる人、場所などの影響を受ける、受身な存在であるかのように見てきた。これはある意味正しいのだが、結局、大切なのは外因的条件ではなく、外因的条件をどうするかである。一人きりで家事をして幸福になることも、仕事でモチベーションをもつことも、子どもと会話する時に集中することも、間違いなく可能なことである。言い換えれば、毎日の生活がすばらしいものになるかどうかは、結局のところ、何をするかではなく、どのようにするかにかかっているのである。

それでもやはり、意識内の情報を変換することによって、直接的に体験の質をコントロールする方法について見る前に、重要なのは日常的な環境――場所、人、活動、一日のうちの時間帯――がわれわれに及ぼす影響について考慮することである。最も鍛錬を重ね、すべての影響から切り離された神秘主義者でも、ある特定の木の下に座り、特定のものを食べ、ほかの人よりは特定の友人と一緒にいることを好むだろう。ほとんどの人は、自分の置かれた状況に、非常に敏感である。

このように、生活の質を改善するための第一歩は、毎日することにきめ細かな注意を払い、さまざまな活動や場所、一日のうちの時間帯、さまざまな仲間などについて、自分がどう感じているかということに気づくことである。全般的な傾向——食事時はより幸福で、積極的レジャーをしている時に最も頻繁にフローを体験する——はおそらく、あなたの場合にも当てはまるだろうけれども、また驚くべき発見があるかもしれない。自分はほんとうに一人でいるのが好きなのだとわかるかもしれない。自分で思っていたより働くのが好きなのだとわかるかもしれない。テレビを見るより読書する方が後で気分がよいとわかるかもしれない。また、まったく逆だとわかるかもしれない。誰もが同じように人生を体験しなければならないという法律などない。肝心なのは、あなたの場合にどうすれば最もうまくいくかに気づくことなのである。

第4章

仕事についての矛盾

仕事は、生活のために利用できる時間のおよそ三分の一を占める。仕事は奇妙な体験である。というのは、それは最も真剣で満足できる瞬間のうちのいくらかを与えるし、誇りとアイデンティティの感覚をもたらすが、ほとんどの人が喜んで避けようとするものなのである。一方で、最近の研究報告によると、アメリカの八四パーセントの男性と七七パーセントの女性が、もう仕事を必要としないくらい十分なお金を相続したとしても、働き続けるだろうと言っている。また一方で、いくつかのESM研究によると、仕事中に〔ESM研究のための〕シグナルがあると、一日のうちのほかの時間の場合以上に、「何かほかのことをしていたい」という項目が支持される。この矛盾する態度のもう一つの例は、ある本にある。その中で二人の著名なドイツ人社会科学者が同じ調査結果を用いて逆の主張を展開させている。一人は、ドイツ人ワーカーはとりわけ仕事が嫌いで、より仕事を嫌う人々は、全体的により幸福だと主張した。もう一人は、ワーカーはイデオロギーに関する問題でメディアに洗脳されているために仕事を嫌っているだけで、仕事が好きな人はより豊かな生活を送ると応じた。重要なのは、どちらの結論にも理にかなった証拠があるということである。

仕事はそれが占める時間と、それが意識の中に生み出す影響の強さという点で非常に重要なので、もし生活の質を改善したいと思うならば、その多義性に向き合うことが必要不可欠である。その方向へ向かう第一歩は、仕事という活動が歴史の中でどのように発展したか、また、仕事に起因すると思われる矛盾した価値観――それは今でも依然としてわれわれの姿勢や体験に影響している――

を簡単に再考してみることである。

われわれが現在知っているような仕事は、非常に新しい歴史的発展の所産である。それは約一万二、〇〇〇年前に集約農業を可能にした大きな農業革命以前には存在していなかった。何百万年にも及ぶ人間の進化の過程では、どの男性も女性も、自分自身と親族を養っていた。ほかの誰かのための仕事などというものはなかったし、狩猟採集民にとって、仕事は生活の残りの部分と継ぎ目なく統合されていたのである。

ギリシャやローマの古代西洋文明において、哲学者たちは仕事について世論を代弁しているが、それは、仕事はぜひとも避けなければならないというものだった。無為は価値あることであると考えられていた。アリストテレスによれば、働く必要のない人だけが幸福になれるということだった。ローマの哲学者は「賃金労働はあさましく、自由民に不似合いである……工芸労働はあさましく、そして小売業もそうである」という考えに賛成した。理想は肥沃な土地を征服するか購入し、奴隷または年季奉公の農奴による耕作を監督するために、財産管理の補佐役を雇うことだった。ローマ帝国では、成年男子人口の約二〇パーセントは働く必要がなかった。無為な生活を達成してきたことによって、彼らは人生のすばらしい境地に達したということを信じていた。共和国時代には、この信念にはいくらかの実質があった。というのは、コミュニティを助け、個人の潜在能力を発展させる機会をもたらす、軍隊や行政上の義務を果たすために、支配階級の人々が自分たちの時間を進んで与えたのである。しかし平穏な数世紀の後、無為な階級は公的な生活から引っ込み、代わりに、自由な時間をぜいたくな品や楽しみを消費するために使った。

大多数の人にとって、仕事は約五〇〇〇年前のヨーロッパにおいて急速に変化し始めた。仕事はまた二〇〇〇年前にも一大飛躍を遂げ、そして依然として今なお急速な度合いで変化を続けている。一三世紀までは、仕事に必要なほとんどすべてのエネルギーは人間か動物の肉体に依存していた。水車のような二、三の原始的なエンジンが負担を軽減するのを助けていた。それからゆっくりと、いろいろなギア付きの風車が、穀物を挽き、水を運び、金属が鍛造される炉に風を送り込む仕事を引き継ぎ始めた。蒸気エンジンの発達、そしてその後の電気の発達は、エネルギーを変換して生計を立てる方法を大きく変革した。

これらの技術的大躍進の結果、仕事は単に牛や馬の方がうまくできる簡単な身体的努力と見なされる代わりに、スキルの必要な活動、人間の発明の才と創造力の表れとして見なされ始めた。カルヴァンの時代までには、「労働倫理」を真剣にとらえることが意味をもった。そしてこのためにカール・マルクスもまた、後に労働の古典的評価を逆にすることができ、そして、生産的活動を通してのみ人間の潜在能力を実現できると主張したのである。彼の立場は、アリストテレスの逆の主張の精神——余暇だけが人間を自由にするというもの——と矛盾しない。それはただ、一九世紀までに、仕事が無為よりも創造的な選択肢を提供してくれるように思えるようになったということである。

第二次世界大戦後の豊かな数十年の間、アメリカのほとんどの仕事は退屈で刺激の少ないものだったかもしれないが、概して、それらは適正な生活状況と適当な安定を供給した。仕事がなくなるか、なくならないとしても、やり終えるのに一週間に二、三時間しかかからない純粋なホワイトカラーの管理の仕事に変質させられそうな新しい時代について、いろいろな噂が流れていた。これらの予想がどれくらい非現実的だったかわかるまでに、長くはかからなかった。十分な賃金を受け取っていないアジアや南アメリカの人々に労働力市場で競争させた世界的な競争は、再びアメリカ合衆国の仕事に容赦のない評価を与えている。いよいよ、セーフティーネットが破綻の危機にさらされるにつれて、人々はより頻繁に恣意的な条件で、未来についての大した保証もなしに働かなければならなくなっている。そのため現在でさえ、仕事のあいまいさの深さは依然としてわれわれを悩ませる。われわれは、仕事が人生の最も重要な要素の一つであることは知っているが、一方で、どちらかといえば仕事をしていたくないと思いながら仕事をするのである。

仕事に対するこれらの相反する態度を、われわれはどのようにして身につけるのだろうか。そして今日の若者は大人として生産的な仕事をするために要求されるスキルや訓練をどのようにして身につけるのだろうか。これらの疑問は、決して取るに足らないものではない。それぞれの世代において、仕事はいよいよ不明瞭な概念になっている。そして若者にとって、自分たちが成長した時にどんな仕事が待ち受けているかを知り、それらに備える方法を学ぶことは、ますます困難になっている。

昔は、また今でもある程度は、アラスカやメラネシア〔オーストラリアの北東に連なる南太平洋の諸島〕の狩猟社会や漁撈社会では、かつて世界中至る所にあった様式を、依然として見ることができる。つまり、子どもたちは幼い時から両親の仕事を手伝い、そして徐々に、途中でためらうことなしに、生産的な大人として振る舞っていることに気づくのである。イヌイットの少年は二歳になるとおもちゃの弓を与えられ、すぐに弓矢の練習を始めた。四歳までにはライチョウを射止めることを期待されたかもしれない。六歳ではウサギ、そしてそこからカリブーやアザラシへと進んだ。彼の妹も、革を乾燥処理したり、料理や裁縫をしたり、幼いきょうだいの世話をしたりして親族グループの女性を手伝い、似たような発達過程を進んだ。そこには、人が成長する時に何をするべきかということについて、何の疑問もなかった——選ぶべき選択肢はなく、生産的な大人になるためのたった一本の道があるだけだった。

約一万年前に農業革命が都市に可能性をもたらした時、専門化した仕事が現れ始め、選択の幅が若者に開かれた。依然として、彼らのほとんどは結局、両親のしていることをしたが、それは二、三世紀前まで主に農業だった。急成長している都市経済の中で運を試すために、非常に多くの若者が農場から都市へ移動し始めたのは、一六、一七世紀になってからだった。いくつかの概算によると、ヨーロッパの一部の田舎の少女の八〇パーセントが、一二歳までに、農業をしている両親の元から去った。男の子は平均一四歳までに去った。ロンドンやパリで待っている仕事のほとんどは、家政婦や馬車の馭者、運搬人、洗濯女といった、現在ではサービス産業と呼ばれるであろうものだった。

状況は今では随分違っている。最近の研究では、数千人の典型的なアメリカ人ティーンエイジャーに、大人になったらどんな仕事につきたいか尋ねた。結果は表3に示されている。それが示しているのは、青年は専門職につくという非現実的な高い期待をもっているということである。一五パーセントが医師か法律家になると期待しているが、一九九〇年の国勢調査によると、労働力人口に対する医師と法律家の実際の割合よりもそれは約一五倍高い。二四四人のプロのスポーツ選手になりたいと期待している青年のほとんどがまた、がっかりすることになるだろう。というのは、彼らは、およそ五〇〇倍、可能性を過大評価しているからである。都心部のマイノリティーの子どもたちは、裕福な郊外の子どもたちと同じ割合で、専門的な職業につくことを期待している。実際には、同じ都市のアフリカ系アメリカ人の青年の失業率が五〇パーセント近くになるという事実にもかかわらず。

将来の職業選択についての現実性の欠如は、一部、急速に変化する大人の仕事の現状のせいであるが、また、意義ある仕事の機会や大人のワーキング・モデルから孤立した多くの若者によって引き起こされる。予想に反して、裕福なティーンエイジャーは実際、より貧しい生徒よりも、高校時代により頻繁に働く。そうする必要はないのだけれども。そして、豊かで安定した環境で成長した子どもが家や近隣、コミュニティで生産的な仕事に触れることは、より多い。全体としてそのような機会はまれであるが、建築家になろうと計画し、親戚の建築事務所で設計を学び、近所の家の増築のデザインを手伝い、地元の建設会社で見習いになった一五歳が実際に何人かいる。都心の高校では、最も人気のある非公式の職業カウンセラーは、学校のガードマンだった。彼は目端が利く少年には暴力団で仕事を見つけるように勧め、容姿のよい少女にはいわゆるモデルの仕事に向かうよう指示していた。

ＥＳＭの結果によれば、若者は年長者が仕事に対してもつ相反する感情を非常に早くから身につけるようである。一〇歳か一一歳までには、一般社会に典型的なパターンを自分の中にもっていた。していることがより「仕事」的か「遊び」的か（もしくは「どちらでもある」か「どちらでもない」か）と尋ねられた時、第六学年ではほとんど例外なく、学校の学習時間は仕事で、スポーツは遊びだと答えた。面白いことに、若者が仕事と呼ぶことをする時はいつでも、典型的に、自分がしていることは将来のために重要であり、高い集中力を要し、高い自尊感情を含むと言う。しかしまた、仕事の

表3　アメリカのティーンエイジャーはどんな仕事につくことを期待しているか

3,891人のアメリカの青少年へのインタビューに基づく，将来つきたい仕事ベスト10

仕事	順位	回答に占める率（%）
医師	1	10
ビジネスマン	2	7
法律家	3	7
教師	4	7
スポーツ選手	5	6
エンジニア	6	5
看護師	7	4
会計士，公認会計士	8	3
心理学者	9	3
建築家	10	3
その他	—	45

（出典：Bidwell, Csikszentmihalyi, Hedges, and Schneider 1997 より改変）

ようなことをしている時は、平均より幸福でなくモチベーションも低い。一方で、遊びと呼ぶことをする時は、重要性が低く集中力をほとんど要しないと思っているが、幸福でモチベーションがある。言い換えれば、必要だが楽しくない仕事と、楽しいが役に立たない遊びとの分離は、後期子ども時代に完成される。若者が高校を卒業してからはそれがさらに顕著となる。

同じ若者たちがそのうちに働き始めると、職場から、正確に同じ体験パターンを報告してくる。アメリカでは、ほとんど一〇人に九人のティーンエイジャーが高校時代に仕事についたことがあり、これはほかのドイツや日本といった先進国に比べて非常に高い割合である。ドイツや日本では、高校時代にパートタイムの仕事につく機会はより少ない。ドイツや日本などでは両親は子どもに、将来の仕事に関係のない仕事で気を散らすよりも、できるだけ勉強に時間を使ってほしいと思っている。われわれの研究では、アメリカでは第一〇学年の五七パーセント、第一二学年の八六パーセントの生徒が、ふつうファストフード店員、販売や営業の仕事、ベビーシッターとして賃金のある仕事についたことがある。ティーンエイジャーは仕事についている時、非常に自尊感情が高まることを報告している。彼らはしていることを重要で多大な集中力を要することとして見ている。しかし彼らはいつもよりも幸福ではなく(学校にいる時ほど不幸ではないが)、楽しんでいない。言い換えれば、二面性のパターンは彼らの仕事人生のまさに最初の一歩で固められているのである。

しかし、仕事は若者が体験する最悪のものでは決してない。彼らが報告する最悪の状態は、することが仕事のようでも遊びのようでもない時である。これはふつうは生活維持活動、受身的レジャー、人とのつきあいなどの場合だが、彼らの自尊感情は最も低く、することは重要性をもたず、幸福とモチベーションはともに平均を下回る。しかし、若者にとって「仕事でもなく遊びでもない」状態は一日の平均三五パーセントを占める。とくに親がほとんど教育を受けていない子どもたちは、することの半分かそれ以上がこの種のものだと感じている。一日のほとんどを重要でもなく楽しくもないと体験して成長する人は、将来に大した意味を見出せないだろう。

幼い頃に設定された態度は、人生の最後まで、仕事をどのように体験するかを色づけ続ける。仕事では、人は精神と肉体を完全に使う傾向がある。そしてその結果として、することが重要だと感じ、仕事をしている間は自分自身に満足するのである。しかし、モチベーションは家にいる時より低く、気分の質も家にいる時より悪い。給料や地位、自由という点で非常に大きな違いがあるにもかかわらず、マネージャーたちが仕事でより創造的で活動的だと感じるのはほんの少しだけであり、一方、事務や生産ラインのワーカーが、それほど不幸で不満足なわけではない。

しかし、男性と女性とでは、家庭の外での仕事を違った形で体験する傾向がある。伝統的に、男性のアイデンティティと自尊心は、彼ら自身と家族に役立つために、環境からエネルギーを獲得するための能力に依拠してきた。男性が必要な仕事をすることから得る満足が部分的に遺伝学的にプログラムされたものであろうと、完全に文化から学んだものであろうと、事実は多かれ少なかれ、稼ぎ手ではない男性はある程度はみ出し者であるということである。一方、女性の自尊感情は、子どもを育てるのに適した物質的、感情的環境や、大人にとって心地よい環境を創造する能力に依拠してきた。このようなジェンダー・ステレオタイプを避けようとしてわれわれがどれほど啓発されようと、このステレオタイプはなくならない。ティーンエイジャーの少年は依然として警察官や消防士、エンジニアになりたがり、一方、少女は主婦や看護師、教師になるのを楽しみにしている――少女たちは今日では、また専門職や医師、法律家になりたいと考えており、割合としては少

年における よりも高いのである。

男性と女性の心理的経済感覚における有給の仕事の役割が異なるので、仕事に対する二つの性の反応はたいてい異なっている。依然として相対的に、仕事に第一のアイデンティティがあるというキャリアウーマンは少なく、事務やサービスで働く女性、また経営者として働く女性でも、ほとんどの女性は、自分たちの外での仕事が、しなければならないことというよりは、したいことであると考える傾向にある。多くの女性にとって、仕事はより自発的なものである。それはより遊びのようで、取捨選択のできるものである。彼女たちの多くが、仕事で何が起きようと重要ではないと感じている。そしてそれゆえに、逆説的に、彼女たちは仕事をより楽しめるのである。たとえ事態が悪くなり、解雇されたとしても、彼女たちの自尊感情は傷つかない。男性とは対照的に、自己イメージは家族に何が起こるかということに、より大きく依存している。貧しい親がいること、または学校で問題を抱えた子どもがいることは、仕事で何が起こるよりも、非常に大きな心の重荷である。

結果として、とくに家事と比較して、女性は一般的に男性よりも、雇用されていることをよりポジティブに体験する。たとえば、二人とも働いているカップルを対象に実施したＥＳＭ研究では、リード・ラーソンは、事務やコンピュータの仕事、セールス、会議、電話の応対、仕事に関係するものを読んでいる時などに、女性は男性よりも比較的ポジティブな感情を報告することに気づいた。

女性が男性よりもポジティブでない体験をした仕事に関係する唯一の活動は、職場から持ち帰ったプロジェクトに関して家で働いた時で、このような状況では、彼女たちは仕事に関連したことがらに加えて家事にまで責任を感じているのだから、当然である。

家族と仕事が課す二重の危険は、女性の自尊感情に対する非常な重荷になりうる。フルタイム、パートタイム、また週に数時間だけ働く、小さな子どものいる母親についての研究で、アン・ウェルズは、最も高い自尊感情は一番働く時間の少ない母親によって報告されることに気づいた。そして、最も低い自尊感情は一番長く働く母親によって報告されたのである――すべての女性が、賃金をもらって外で働くことを、家で働くよりも楽しんでいるという事実にもかかわらず。ここでも、この発見は自尊感情のあいまいな意味を示唆する。フルタイムで専門的な仕事をもち、家族のいる女性は、彼女たちがやり遂げていることが少ないからではなく、やり遂げられるであろうことよりも多くを自分たちに期待するために、より低い自尊感情しかもてないのかもしれない。

これらの論点は、給料のためにする仕事と、伝統的に女性が家族のためにするように期待されてきた家事との間の仕切りが、どれほど恣意的なものであるかに注目させる。エリーズ・ボールディングとその他の社会経済学者が指摘してきたように、生活維持のための仕事は生産的ではないかもしれないが、サービスとして対価を支払われなければならない。その請求金額はGNPに近くなるかもしれない。母親が子どもを養育し、病気の面倒をみ、料理をし、洗濯をするなどのコストは、さらに市場レートでは国全体の支払給与総額の二倍になるかもしれない。そしておそらく、より人間的な経済を採用することを余儀なくさせるだろう。しかし一方では、家事をすることは既婚女性の自尊感情を補強するかもしれないと同時に、感情的幸福にはあまり貢献しない。料理、買い物、家族のために車を運転すること、子どもの世話をすることは、平均的な感情だけを伴うものである。しかし、家の掃除やキッチンの掃除、洗濯、家の周りのものを修理すること、家計の帳尻をあわせることは、一般的に、女性の一日で最もネガティブな体験である。

仕事には確実に好ましくない点があるが、仕事がないのはより悪い。古代の哲学者は怠惰を支持して長所をいろいろと言ったが、彼らが思っていたのは、多くの農奴や奴隷をもつ土地所有者の怠惰である。十分な収入のない人に怠惰が強制されると、自尊感情の深刻な低下と全般的な気力の低下を生み出す。マンチェスター大学の心理学者であるジョン・ヘイワースが示したように、仕事をしていない若い男性は、比較的豊かな失業補償をもらっていても、人生に満足を見出すのは非常に困難である。一六か国の一七万人のワーカーを含む研究の編集において、ロナルド・イングルハートが気づいたのは、ホワイトカラーのワーカーの八三パーセント、手仕事をするワーカーの七七パーセントが人生に満足していると言っているが、失業者では六一パーセントだけだということである。人は創造のために働く必要はなく、創造の恵みを楽しむためにつくられたという聖書の示唆は、事実と一致しないように思われる。ふつうは仕事によって与えられる目標とチャレンジがなければ、意味のある人生を保証するのに十分なほど激しく精神を集中させておくことができるのは、卓越した自己訓練によってだけである。

大人の生活にフローの源を見る場合、自由時間よりも仕事上でより多くの機会を見出すという、われわれのESM研究を通しての発見は、初めはまったく驚くべきことに思えた。人が高いチャレンジと高いスキルの状況にいて、集中し、創造的であり、満足している瞬間は、家にいるよりも職場で仕事をしている時により頻繁に報告された。さらに考えを進めると、しかしながら、この発見はそれほど驚くべきことではない。しばしば見過ごされることは、仕事が一日にするほかの大部分のことよりもゲームに似ているということである。仕事にはふつう、明確な目標と行動のルールがある。営業成績を測って仕事をうまく終えたということを知る形で、または監督者の評価を通して、仕事はフィードバックを与える。仕事はふつう、集中を助け、気を散らすことを防ぐ。仕事はまた、変化に富んだコントロールの量を与える。そして少なくとも理想をいえば、その難しさはワーカーのスキルに釣り合う。このようにして仕事には、フローを与えるほかの本質的にやりがいのある活動——ゲームやスポーツ、音楽、芸術——の構造がある。比較すると、生活の残りのほとんどはこれらの要素に欠けている。家族と、または一人で家で過ごす時、しばしば明確な目標に欠け、自分たちのしていることがどれくらいよいのかわからず、注意散漫で、スキルが十分に活用されていないと感じ、結果として退屈、よりまれではあるが不安を感じる。

そのため、仕事での体験の質が思うよりも全般的にポジティブであることは不思議ではない。それにもかかわらず、もしチャンスがあれば、われわれは働くのをより少なくしたがる。どうしてそうなのだろうか。二つの大きな理由があるように思われる。第一は、仕事の客観的な状況による。遠い昔から、ほかの人に賃金を払う人は、使用人の幸福にはとくに関心がなかったということは真実である。南アフリカの鉱山で地下の相当な距離を掘ったり、蒸し暑い大農園でサトウキビを刈ったりする間にフローに到達するには、膨大な内なる資源を必要とする。啓発されたわれわれの時代においてさえ、「人材」の重要性が強調されているにもかかわらず、管理者側はワーカーがどのように仕事を体験するかについて、めったに関心をもたない。それゆえ、多くのワーカーが、人生における本質的なやりがいを与えてもらうことを仕事に期待することはできないということ、そして楽しい時間を過ごし始めるには工場や事務所を出るまで待たなければならない――これは真実ではないとわかるのだが――ということを、当然と思うのは驚くべきことではない。

第二の理由は第一の理由を補足するものであるが、現在の現実にはあまり依拠しておらず、仕事の歴史的悪評に、より依拠している。そしてその悪評は依然として文化や、成長する時に各自が学ぶことによって伝えられている。二世紀半前の産業革命の間、工場労働者が非人間的環境で働かなければならなかったことは疑いない。自由時間はめったになく、そのためそれは最も貴重なものの一つになった。ワーカーは、もっと自由時間がありさえすれば、自動的により幸福になれるだろうと決めてかかった。労働組合は週労働時間を減らすために勇敢に闘い、彼らの成功は人類の歴史の輝かしい業績の一つとなった。あいにく、自由時間は幸福のために必要不可欠な条件ではあるかもしれないが、自由時間だけでは幸福を保証するのに十分ではない。自由時間の有益な使い方を学ぶことは、思ったよりも難しいとわかる。さらに、よいことが増えてもよりよくなるとは思えない。ほかの多くのことに当てはまるように、少量なら人生を豊かにするものが、多量になると人生を衰えさせるかもしれないのである。これが、二〇世紀半ばまでに精神科医や社会学者が、多すぎる自由時間は社会災害となりうる脅威であるという趣旨の警告をしていた理由である。

これらの二つの理由――客観的な仕事環境と、仕事に対してわれわれが身につけている主観的な態度――が相まって、多くの人は、仕事は楽しめるものになりうるのだということを、自分の場合に当てはめても、認めにくくなるのである。しかし、非常に多くの文化的先入観なしに、仕事を個人的に意義のあるものにするために形づくる決意をもって取り組んだ時、最も平凡な仕事でさえ、人生の質を減じさせるというよりも向上させうる。

しかしもちろん、仕事の本質的なやりがいは、高度に個性を際立たせる専門職で、最も簡単に見つけられる。そこでは人は自由に目標を選べ、業務の難しさの設定も自由である。高度に生産的で創造的な芸術家、企業家、政治家、科学者は、狩猟民の祖先がそうだったように、仕事をそれ以外の生活と完全に統合したものとして体験する傾向がある。ノーベル賞受賞者やその他のさまざまな分野の創造的なリーダーとの一〇〇に近いインタビューの中で、最もよくある修辞の一つは、「人生のすべての瞬間に働いていたといえるし、一日も働かなかったというのも同じくらい正しい」というものである。歴史家ジョン・ホープ・フランクリンは、この仕事とレジャーの混じり合いを次のように最も簡潔に表現した。「私はいつもこの言い回しに賛成してきました――『神様ありがとう、今日は金曜日です』。なぜなら私にとって金曜日は、邪魔されることなく次の二日間働けることを意味するからです」。

このような人たちにとって、フローは彼らの専門的な活動に常に伴う一つの不変な部分である。たとえ知識の最先端で仕事をすることが、必然的に多くの困難と内なる混乱を含むに違いないとしても、新しい領域へ精神の届く範囲を広げる喜びは、彼らの人生の最も明白な特徴である。ほとんどの人がふつうは喜んで引退する年齢を過ぎてさえ、そうなのである。発明家のジェイコブ・ラビナウは、二〇〇以上の特許をもっていて、八三歳で自分の仕事をこう表現する。「アイデアを得ようとしなきゃいけない、興味があるんだから……私のような者はそうするのが好きなんだ。アイデアを思いつくのは面白いし、誰もそれを望まなくても、気にしないね。何か奇妙で変わったことを思いつくのはただ楽しいんだよ」。

『ルー・グラント』〔アメリカのテレビドラマ〕で知られる〔俳優の〕エド・アズナーは、六三歳でいまだに彼の演技力に対する新しいチャレンジを待ち望んでいる。「私は熱望しています……あふればかりに胸いっぱいで、追求することを切望しています」。ノーベル賞を二度受賞したライナス・ポーリングは八九歳でインタビューを受けた時、こう言っている。「私はじっと腰掛けて、今、人生で何をしようとしているのかと、自問したことはありません。したいことをしながら前へ進んだだけです」。傑出した心理学者ドナルド・キャンベルは若い学者にこうアドバイスした。「お金に興味があるなら科学に立ち入らない方がいい。有名になれないなら楽しめないというなら、科学に立ち入らない方がいい。名声を得るとしたら、丁重に受け取るものだと思ってほしい。しかし、科学は楽しめる職業だということは確かに覚えておいてほしい」。そしてアメリカの先の桂冠詩人マーク・ストランドは、彼の天職の追求の中でフローをうまく表現する。「仕事が自分にぴったりだと感じ、時間の感覚を忘れ、完全にうっとりして、していることに完全に没頭します……何かに働きかけ、うまく働いている時、言っていること以外の言い方はないように感じます」。

もちろん、魅力的な専門的職業の頂点に到達したという点で、このような人々は大変幸運である。しかし、ビジネスマン、配管工、牧場主、そして生産ラインのワーカーでさえ、仕事を愛し、詩的でロマンチックな言葉で仕事について述べるのに対して、有名で成功していながら自分の仕事を嫌っている人々を非常に多く見出すことも容易である。仕事がどれくらい人生のすばらしさに貢献するかを決定するのは、外部の条件ではない。それは、どのように働くか、仕事のチャレンジに立ち向かうことからどんな体験を引き出すことができるか、なのである。

どんなに満足のいくものであっても、仕事だけでは人生を完璧なものにすることはできない。われわれがインタビューしたほとんどの創造的な人々は、家族はキャリアよりも重要だと述べた――彼らの実際の習慣は、この感情と矛盾していたが。安定した、感情的に得るところの大きい結婚は、彼らの間の模範である。人生でやり遂げたことで最も誇りに思うのはどんなことかと尋ねると、最も典型的な答えの一つは物理学者フリーマン・ダイソン〔ダイソン球などを考案し、SFにも多大な影響を与えた〕が述べる次のようなものである。「六人の子どもを育て上げたことだと思いますね。見たところ、みんな面白い人間に育てましたよ。ほんとうに、それが一番誇りに思えることです」。シティコープ〔銀行〕CEO〔最高経営責任者〕のジョン・リードは、これまでにした中で最もよかった投資は、子どもたちが成長しつつある時に彼らと過ごすためにとった、輝かしいキャリアからの一年間の休暇だったと主張する。「子どもを育てることは会社のためにお金を稼ぐよりも、満足感という点では、ずっとやりがいのあることです」。そのような人のほとんどは、自由時間があれば、公開コンサートを行ったり、珍しい海図を集めたり、料理や料理本の執筆に取りかかったり、発展途上国でボランティアで教えたりといった、面白いレジャー活動をして過ごす。

このように、仕事への愛と献身は、「仕事中毒」というネガティブな意味をもつ必要はない。この言葉は正確には、仕事に非常に没頭しているためにほかの目標や責任をあきらめる人に適用した方がよい。仕事中毒の人は仕事に関係するチャレンジのみを見つめるという危険を冒し、仕事に適したスキルだけを学ぶ。ほかのどんな活動においてもフローを体験できない。このような人は人生のすばらしさに貢献する多くの機会を見失い、人生をみじめに終えることがよくあり、仕事への強烈な依存症の後では、できることは何も残されていない。幸いにも、仕事に専念したけれども、より多面的な人生を送っている人の例はたくさんある。

第5章

レジャーの危険と機会

歴史の現時点で直面している問題は、賢明なやり方で自由時間を過ごす方法を学んでこなかったことであるなどというと、少しばかげたことのように思える。しかし、これは多くの人が二〇世紀半ばからすでに指摘してきたことである。一九五八年に精神医学の向上のためのグループは、その年間報告をこのような結論でしめくくった。「多くのアメリカ人にとって、レジャーは危険である」。アメリカが文明国として成功するかどうかは自由時間の過ごし方、使い方にかかっていると主張する人々もいる。このようなゆゆしい警告は、ほんとうなのだろうか。しかし、社会に対するレジャーの影響についてのこの疑問に答える前に、ふつうの人がどのようにレジャーの影響を受けるかについて言及することは意味がある。この場合の歴史的影響は個々の体験の総計であるので、ふつうの人へのレジャーの影響を理解することは、社会に対するレジャーの影響を理解する手助けになる。

ここまでに論じてきたさまざまな理由のために、自由時間はわれわれが願いうる最も望ましい目標の一つであると見なすことになった。仕事が必要悪と見なされる一方で、リラックスできること、何もすることがないことは、ほとんどの人にとって幸福へ至る王道であるように思われるのである。一般的な前提は、自由時間を楽しむにはどんなスキルも必要ないということであり、誰でも自由時間を楽しめるということである。しかし、逆のことを示唆する証拠がある。それは、自由時間は仕事よりも楽しむのが難しいということである。好きなようにしてよい余暇があっても、それを効果的に使う方法を知らないかぎり、人生の質を改善することはない。そして、それは決して自動的に身につくものではないのである。

精神分析医シャーンドル・フェレンツィは〔一九世紀から二〇世紀への〕世紀の変わり目に、日曜日には患者たちが週のほかの日よりも頻繁に、一時的なヒステリーやうつに陥ることに、すでに気づいていた。そして彼はこの症候群を「日曜神経症」と呼んだ。それ以来ずっと、休日や長期休暇は精神的動揺の増大する期間だということが報告されてきた。人生のすべてを仕事と同一視してきたワーカーたちにとって、退職はしばしば慢性のうつへの転換期となる。われわれのＥＳＭ研究では、人が目標に集中すると身体的健康さえ増進することがわかっている。週末に一人でいて何もすることがない時、人々はより多くの病気の徴候を訴えている。

この証拠はすべて、平均的な人は何もしないでいるための準備ができていないということを示す。目標がなく、交流するための相手がいないと、ほとんどの人はモチベーションと集中を失い始める。精神はとりとめがなくなり、たいてい、不安を引き起こすやっかいな問題に焦点を当てるだろう。この望ましくない状況を避けるために、人は心理的エントロピーの最悪の場合を避ける戦略に訴える。必ずしもそれに気づくことなく、人は意識から不安の種を取り除く刺激を探し出すだろう。これはテレビを見たり、恋愛ものやミステリーなどを手当たり次第に読んだり、強迫観念的にギャンブルをしたり、見境のないセックスやアルコールや麻薬に溺れたりすることかもしれない。これらは短期間に意識の中のカオスを減少させるための近道であるが、ふつう、後にはぼんやりした不満足感だけが残る。

明らかに、われわれの神経システムは外部のシグナルを処理するために徐々に進化してきたのだが、障害や危険のない状態で長期間いることに適応する時間はなかった。心理的エネルギーを自律的に、内側から構築できるようになった人はほとんどいない。大人がひまを手にしてうまくいった社会では、複雑な文化的習慣が精神を忙しくしておくように徐々に発展した。これらは儀式的なしきたりの複雑なサイクルやダンス、時折何日も何週間も続く競技トーナメント――たとえばヨーロッパの歴史の夜明け頃に始まったオリンピック――などを含む。たとえ宗教的、美術的活動が欠けていても、少なくともそれぞれの村にはうわさ話と議論のための果てしない機会があった。たとえば広場の一番大きな木の下で、男性は座ってパイプタバコを吸うか、そうでなければ軽い幻覚作用のある葉や木の実を噛みながら、冗長な会話を通じて精神を整理していた。今でも、地中海沿岸のコーヒーショップや、北ヨーロッパのビアホールでは、このようなパターンに従って余暇を過ごす男性が見られる。

意識の中のカオスを避けるこのような方法は、ある程度は効き目があるが、めったにポジティブな体験の質には貢献しない。ここまでに見てきたように、人間はフローの状態の時、つまりチャレンジに出会うことや問題を解決すること、何か新しいものを発見することに完全に没頭している時に、最も心地よいと感じる。フローを生み出すほとんどの活動にはまた、明確な目標、明確なルール、迅速なフィードバック――注意を集中させ、スキルを必要とする一連の外因的な作用――がある。これらはまさに、自由時間にほとんどの場合欠けている状況である。もちろん、もしスポーツをしたり芸術的な活動や趣味に関わるために余暇をあてるなら、フローのための必要条件が現れる。しかし、注意力に結びつく具体的なものが何もない単なる自由時間は、フローの逆を与える。つまり、心理的エントロピーであり、そこでは気が抜けて無気力になるのである。

すべての自由時間の活動が同じというわけではない。大きな違いは積極的レジャーと受身的レジャーの間にあり、そこにはまったく異なった心理的効果がある。たとえば、アメリカのティーンエイジャーはテレビを見ている時間のうちの約一三パーセント、趣味のことをしている時間のうちの約三四パーセント、スポーツやゲームに没頭している時間のうちの約四四パーセントをフロー（チャレンジとスキルが高い瞬間として定義される）として体験している（表４）。これは、趣味はテレビよりも約二・五倍、高められた楽しみの状態を生み出しやすく、活動的なゲームやスポーツは約三倍以上であるということを示す。しかし、これらの同じティーンエイジャーが、趣味やスポーツをする以上に、少なくともその四倍以上の自由時間をテレビを見ることに費やす。同様な比率は大人にも当てはまる。われわれはなぜ、よい感じ方をもたらす機会が半分以下のものに、その四倍かそれ以上もの時間を費やすのだろうか。

研究の協力者にこの質問をすると、一貫した説明が現れ始める。バイクやバスケットボール、ピアノ演奏ができる典型的なティーンエイジャーは、ショッピングモールをうろうろしたりテレビを見たりしているティーンエイジャーよりも楽しめる。しかし、彼らは言う。バスケットボールの試合のために準備をするには時間がかかる——服を着替え、準備しなければならない。ピアノを楽しめるようになるには、毎回少なくとも三〇分、ピアノの前に座ってたいてい退屈な練習をしなければならない。言い換えれば、フローを生み出すどの体験も、楽しめるようになる前に、最初に注意力の投資が必要である。複雑な活動を楽しむためには、このような自由に使用できる「活性化エネルギー」が必要となる。もしひどく疲れていたり、不安だったり、あるいはその最初の障害を克服する訓練が不足していたりしたら、その人は楽しみはより少なくとも、より到達しやすいもので妥協しなければならないのである。

これが「受身的レジャー」活動が入ってくるところである。友人とただたむろすること、骨の折れない本を読むこと、テレビに向かうことなどは、エネルギーを費やすという点ではかなり楽である。それはスキルも集中も求めていない。このようにして、青少年だけでなく大人にとっても、受身的レジャーの利用は非常に頻繁に行われている。

表4では、アメリカのティーンエイジャーがどれくらい頻繁にそれらにフローを感じているかと

表4　レジャーにどれくらいのフローがあるか

それぞれのレジャー活動がフロー，くつろぎ，無気力，不安をもたらす時間の率（%）。結果は，およそ27,000の回答をしてくれた824人のアメリカのティーンエイジャーについての研究による。用語は次のように定義される。フロー：高いチャレンジと高いスキル，くつろぎ：低いチャレンジと高いスキル，無気力：低いチャレンジと低いスキル，不安：高いチャレンジと低いスキル。

	フロー	くつろぎ	無気力	不安
ゲームとスポーツ	44	16	16	24
趣味	34	30	18	19
社交	20	39	30	12
考えごと	19	31	35	15
音楽鑑賞	15	43	35	7
テレビ鑑賞	13	43	38	6

（出典：Bidwell, Csikszentmihalyi, Hedges, and Schneider 1997）

いう点で、主なレジャー活動の比較を見ることができる。ゲームとスポーツ、趣味、社交――三つの活動的かつ／または社会的な活動――は、より孤独で体系のない活動、音楽鑑賞、考えごと、テレビ鑑賞よりも、多くのフロー体験を与えていることがわかる。同時に、フローを生み出す体験は、より要求が多く、難しく、また時折不安の状況も生み出す。一方で、三つの受身的レジャー活動は、めったに不安を引き起こさない。つまり、それらは主にくつろぎと無気力を与える役目をする。もしレジャーの時間を受身的レジャーで埋めるなら、たいして楽しみは見つけられないが、過剰なものが頭の中に入ってくることは避けられる。明らかに、これは多くの人がする価値があると思う取引である。

くつろぎが悪いということではない。誰にでも緊張を解いたり、くだらない小説を読んだり、ぼうっとしたりテレビを見たりしながらソファに座っているような時間は必要である。人生のほかの構成要素とともに、問題なのは、適量かどうかである。受身的レジャーは、それを主なもの、または唯一のものとして自由時間を埋める手だてに用いた時に問題になる。これらのパターンは習慣に変わるので、全体として人生の質にはっきりとした影響を及ぼし始める。ひまをつぶすためにギャンブルに頼るようになる人は、たとえば、仕事を損ない、家族を損ない、挙げ句の果てには自分自身の幸福さえ損なう習慣にとらわれたことに気づくかもしれない。平均よりもよくテレビを見る人もまた、よくない仕事とよくない人間関係をもつ傾向がある。ドイツでの大規模な調査では、本をよく読めば読むほど、より多くのフローを体験する一方、テレビを見ることについては逆の傾向が報告された。最も多くのフロー体験は、多くの本を読みほとんどテレビを見ない人によって報告された。最も少ないフローを報告したのは、めったに本を読まず、よくテレビを見る人だった。

もちろん、このような相関関係は必ずしも、受身的レジャーの習慣が悪い仕事や悪い人間関係などを引き起こすことを意味するのではない。因果関係はほかのところから始まっているようである。つまり、満足のいかない仕事をもつ寂しい人々は、自由時間を受身的レジャーで埋めるだろうということである。もしくは、人生のほかの点でフローを見つけられない人は、単なる楽なレジャー活動に向かう。しかし、人間の発達の因果関係はふつう循環的なものである。つまり、始まりにおいては結果であったものが、ついには原因になるのである。虐待する親は子どもに、抑制された攻撃性に基づく防御の姿勢をとらせてしまうかもしれない。その子どもが大人になると、今度は自分が虐待的な親になるかもしれないのは、最初の精神的外傷よりむしろこの防御姿勢のためである。それゆえ、受身的レジャーの習慣をとるのは、ただそれまでの問題の結果というだけでなく、ほかでもなくそれが人生の質を改善するための選択肢を断ち切ってしまうという理由で、原因となる。

「パンとサーカス」という言い回しは、ローマ帝国が衰退していく何世紀もの長い間、どのようにして民衆を満足させておけたかを言い表すための常套句となった。身体を満足させるための十分な食料と、精神を楽しませるための十分な見せ物を供給することによって、支配階級は社会的動揺を避けることができた。この政策が意識的に採用されたとは考えにくいが、その広範囲に及ぶ応用が働いたのだと思われる。それはコミュニティが解体しないようにレジャーの機会を与えた最初の例でも最後の例でもない。『ペルシャ戦争』の中で、西洋の最初の歴史家、ギリシャのヘロドトスは、約三、〇〇〇年も前に凶作の連続が空腹の民衆に不安を引き起こした時、小アジアのリディアの王アティスが問題から注意をそらさせる方法として、球技をどのように導入したかを記述している。「飢饉に対して採用された計画は、食物に対していかなる渇望もしないくらい完全に、丸一日、ゲームをすることだった」、「そして次の日は食べ、ゲームを控える日だった。このようにして彼らは一八年間を過ごした」とヘロドトスは書いている。

同様のパターンはビザンツ帝国が終わりに近づいている時のコンスタンティノープルでも展開された。市民を幸せにしておくために、大規模な戦車レースが都市で開催された。一番の操縦者は裕福で有名になり、自動的に元老院議員に選ばれた。スペインに征服される前の中央アメリカでは、マヤ族がバスケットボールに似た複雑なゲームを発展させた。何週間もずっと、見物人はほかのことをする間がなかった。われわれの時代では、権利を奪われたマイノリティーが社会的流動性への道としてスポーツやエンターテインメントに頼る。バスケットボール、野球、ボクシング、ポピュラーミュージックは、富と名声を約束している間、あふれる心理的エネルギーを吸収する。その人の見方によって、これは二つのまったく逆の意味に解釈できる。これらの例でレジャーは「民衆の阿片」――マルクスが宗教について言った言い換え――として使われると見ることができる。もしくは、より効果的な解決の目途がつかない危険な状況に対する創造的な反応と見ることができる。

記録からは、社会がそのメンバーに意味がある生産的な仕事を提供することができなくなった時だけ、社会がよりレジャー、とくに受身的レジャーに頼り始めていることを示しているように思える。このように「パンとサーカス」は、一時的にだけ社会の崩壊を遅らせる最後の手段の策略であった。現代の例は、このような例では何が起こるかについての洞察を与えてくれる。たとえば、北アメリカの先住民の多くは、仕事やコミュニティの生活でフローを体験する機会を失ってきた。そしてそれを、昔の楽しめるライフスタイルに似たレジャー活動の中に奪い返そうとして探している。かつて、ナバホ族の若者は馬に乗って羊を追い、南西部のメサ〔頂上が平らで周囲に急な崖がある地形〕を走り回っている時、または一週間にわたる儀式的な歌と踊りに参加する時に、一番気分よく感じたものだった。今ではそのような体験は意義をもたなくなってきているので、彼らはアルコールを飲んで馬力を上げた車で砂漠の幹線道路を走り回ることで、フローを感じ取ろうと試みている。種族間の戦争や羊の番をする間の死者数よりも交通事故死の数は多くないかもしれないが、より無意味なように思える。

イヌイットも同様に危険な変革期にある。若者はアザラシを狩り、クマを罠にかける興奮をもはや体験できず、退屈から逃げ、意味のある目標に集中するための道具として、車に頼っている。見たところ、北極には、ほかの場所へつながる道はまったくなくとも、ドラッグレースを唯一の目的として何マイルもの道路を建設したコミュニティがある。サウジアラビアでは、石油富豪の甘やかされた若い子弟は、ラクダに乗るのは時代遅れであると気づき、道のない砂漠で、またはリヤドの歩道で真新しいキャデラック〔ゼネラルモーターズ社の高級車〕のレースをすることによって、興味を取り戻そうとしている。生産的活動が日常的で意味のないものになりすぎた時、レジャーは不足分を受け持つのである。それは次第に多くの時間をとるようになり、より精巧な人工の刺激にますます依存するようになる。

自分たちの仕事の不毛さに直面して、フローのある人生をレジャーに追求するために、生産的な責任から完全に逃げ出す人々がいる。これは必ずしもたくさんの金銭を必要としない。夏の間中ロッククライミングをするために仕事を捨て、冬の間レストランで皿を洗うというような手慣れたエンジニアたちがいる。よい波のある浜辺にはすべて、サーフボードでできるだけ多くのフローを体験するためにその日暮らしをしているサーファーたちの居住地がある。

オーストラリアの社会科学者ジム・マクベスは、南太平洋の島々の間を何年もの間航海している何十人もの船乗りにインタビューした。彼らの多くが、すべての貯えを投資した船以外には何ももっていなかった。彼らは食べ物や修理に使うお金がなくなると、必需品を補給できるまで、いくらかの仕事をするために港にとどまる。そして次の旅に出航する。「責任を振り捨て、退屈な人生から出航し、少し大胆になることができたよ。無為に暮らすだけでなく、人生で何かしなければならなかったんだ」と、これらの現代のアルゴ船〔ギリシア神話で大冒険をした船〕乗組員の一人は言っている。ほかの乗組員も「人生で一つのほんとうに大きなことをするチャンスだったんだ。大きくてすばらしいことをね」と言っている。つまり、別の乗組員の言葉ではこうなる。

現代の文明は、感覚を快く刺激し、大地や太陽、風や星といった一見退屈に見えるものから人々を逃れさせるために、ラジオ、テレビ、ナイトクラブや非常にバラエティに富む機械化された楽しみを見出した。航海はこれらの古代の現実に戻ることなんだ。

完全に仕事を捨てるのではなく、人生の中心としての強調点を仕事からレジャーへ変える人もいる。ある真面目なロッククライマーは、彼のスポーツの浮き浮きさせる自己鍛錬を人生のほかの部分のための訓練として、こう表現する。「もしこれらの戦いに十分に勝てたなら、その自分自身との戦いは……世界中の戦いに勝つことが容易になるでしょう」。そしてまた別の、大工になるために山に移住したビジネスマンはこう言う。

私は会社での人生でたくさんの金を稼いだものですが、ある日、自分がそれを楽しんでいないことに気づいたのです。人生をやりがいのあるものにする体験を、私はもっていませんでした。職場で自分の時間のほとんどを過ごし、優先順位が混乱していることに気づきました。……気づかないうちに何年もが過ぎていました。私は大工でいることを楽しんでいます。静かで美しい場所に住んで、ほとんど毎晩山登りをします。私自身のくつろぎと、私がそばにいることは、私がもはや与えることのできない物質的なものよりも、家族にとっては意味のあるものになるだろうと思います。

ビジネスマンから大工への転職は、創造的な再調整の一種の例である。それを人生に持ち込むことのできる人は、できるだけ多くのフローを人生に構築できるようにする生産的努力の対象を見つけるまで探し求める。ほかの選択肢はより満足のいかないものになる。それは、仕事中毒になるか、一日中レジャーに逃げることで、多くのものを見失うことになる。しかし、ほとんどの人は、人生を退屈な仕事とありふれたレジャーに区分けすることに甘んじている。ミラノ大学のアントネラ・デレ・ファーヴェとファウスト・マシミーニによるアルプスのコミュニティの研究で、どのようにフローが仕事からしみ出てレジャーにしみ込むかについての面白い例が見られる。彼らはポント・トレンタッス――住人は車やテレビをもっているが、今も牛を飼ったり、果樹園を世話したり、木工作業をしたりして伝統的な仕事をしている、人里離れた山にある村――の大家族の四六人のメンバーにインタビューした。心理学者たちは村の三世代に、いつ、どのように生活の中でフローを体験するかについて述べてくれるよう頼んだ（図2）。

最も年長の世代は最も頻繁にフロー体験を報告し、その大部分は仕事に関わっていた。たとえば牧草地で草を刈ったり、家畜小屋を修繕したり、パンを焼いたり、牛の乳を搾ったり、庭で働いたりする時である。真ん中の世代は――四〇歳から六〇歳までを含んでいる――仕事からもレジャー活動――たとえば映画を見たり、休暇をとったり、本を読んだり、スキーをしたりといった――からも同じ程度のフローを報告した。最も若い世代である孫たちは、祖父母とは逆のパターンを示した。つまり、フローが起こるのは最も少なく、しかもそのほとんどはレジャーから発生していた。ダンス、自動車レース、テレビを見ることは楽しみの最も頻繁な手段の一部である（図2ではそれぞ

図2
イタリア，グレッソニー谷，ポント・トレンタッスの三世代家族（N＝46）におけるフロー活動の配分

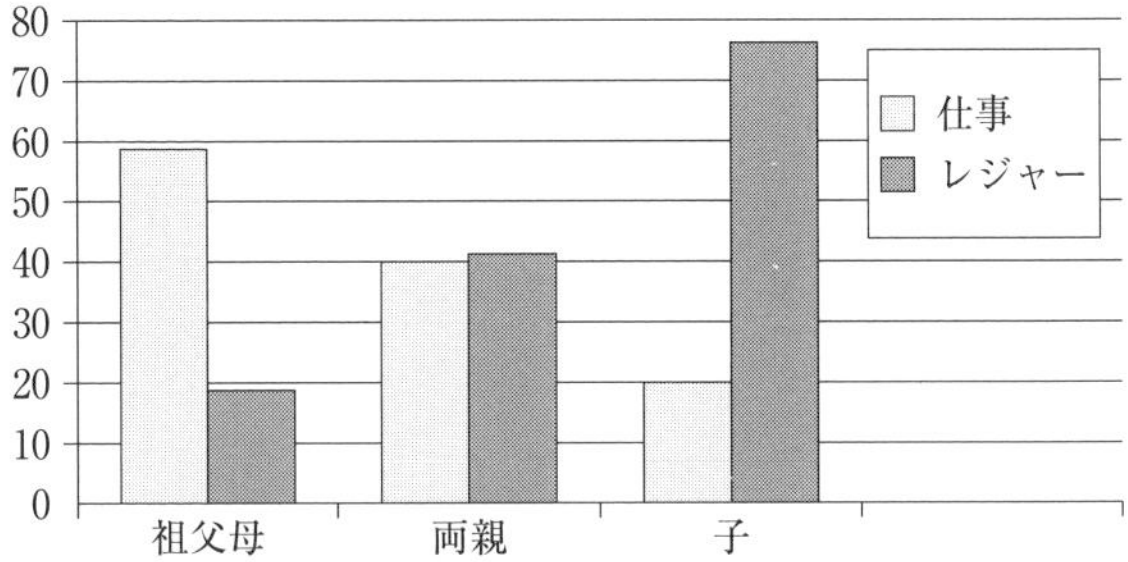

（出典：Delle Fave and Massimini 1988 より改変）

れのグループがどれくらいの量のフローを報告したかを示していない。仕事かレジャーで報告されたフローのパーセンテージを示しているだけである）。

ポント・トレンタッス村の世代的な差異のすべてが社会的変化によるわけではない。そのうちのいくらかは、どの世代も通過する通常の発達パターンである。つまり、若い人々はいつも、より人工的な危険と刺激からの楽しみに依存的である。しかし、これらの通常の違いが社会的、経済的な移行が進みつつあるコミュニティで拡大されることは、ほとんど確実である。このような場合、年長の世代では依然として伝統的な生産的仕事に意義あるチャレンジを見出すが、一方、その子どもや孫は、今日的な意義をもたない雑用と見なすものにますます退屈し、心理的エントロピーを避ける手段としてエンターテインメントに向かうのである。

アメリカでは、アーミッシュやメノナイトのような伝

統的コミュニティでは、仕事とフローが切り離されないようにすることができた。彼らの農耕生活の毎日の日課では、いつ仕事が終わりレジャーが始まるのかわかりにくい。織物、大工仕事、歌、読書のような大部分の「自由時間」活動は、物質的、社会的、精神的意味においても、役に立ち生産的でもある。もちろんこの達成は、琥珀の中に保存されたままであることの代価だった。いわば、今では古風になった科学的・精神的発達段階に引き留められているのである。これが、喜びに満ちて生産的でもある生活の規範を守るための唯一の道なのだろうか。それとも、発展的変化を続けながら、これらの特質を組み合わせるライフスタイルを再考案することは可能なのだろうか。

自由時間を一番うまく使うためには、仕事に対するのと同じくらい、工夫と注意をつぎ込む必要がある。人の成長を助ける積極的レジャーは簡単にはやってこない。過去のレジャーは人々にスキルを発達させる機会と体験を与えたので、正当化された。実際、科学と芸術が専門職業化される以前は、膨大な科学的研究、詩作、絵画の制作、音楽の作曲が個人の自由時間に行われた。グレゴール・メンデルは有名な遺伝の実験を趣味として行った。ベンジャミン・フランクリンは仕事の一環ではなく興味によって、レンズを磨いたり、避雷針で実験することに時間を費やした。エミリー・ディキンソンは自分自身の人生に秩序を創造するために超一流の詩を書いた。今日では、専門家だけがこのような話題に関心があることになっていて、アマチュアは、専門家のために残されている分野へあえて踏み入るとばかにされる。しかしアマチュア――好きだからする人――は、自分自身はもちろん、すべての人の人生に楽しみと興味を付け加える。

レジャーの創造的な使い方を作り出せるのは非凡な人だけではない。すべての民俗芸術――それぞれの文化にその特有のアイデンティティと名声を与える歌、織物、詩や彫刻――は、仕事や生活維持のための雑用から残された自由時間に、一般の人々が一番のスキルを表現しようと努力した結果である。もし、われわれの祖先が自由時間の中に美と知識を探る機会を見出すのではなく、自由時間を単に受身的レジャーに使っていたとしたら、世界がどれほど退屈になっていたかは想像の域を超える。

一般に、われわれが使っている電気、ガソリン、紙、金属製品などの再生不可能なエネルギーのうち七パーセントは、もっぱらレジャーのために使われている。ゴルフ場を建設し水をまくこと、雑誌を印刷すること、リゾート旅行のために飛行機を飛ばすこと、テレビ番組を制作し配信すること、地球上の資源のかなりの量を使うパワーボートや雪上スクーターをつくり、燃料を供給することなどである。皮肉なことに、レジャーからどれくらいの幸福や楽しみを得られるかということと、それをしている間に消費される原料のエネルギー量とは、まったく関係ないようであり、もしあるとしても、ネガティブな関係である。自分の側のスキル、知識、感情の投資を必要とする穏やかな活動は、心理的エネルギーの代わりにたくさんの装備と外部のエネルギーを使いきる活動と同じくらいやりがいがある。良質な会話、ガーデニング、詩を読むこと、病院でボランティア活動をすること、何か新しいことを学ぶことは、ほとんど資源を使わないし、少なくとも、一〇倍もの資源を消費することと同じくらい楽しい。

個人の人生のすばらしさが、かなりの割合で自由時間がどう使われるかによるのと同じように、社会の質も、その構成員がレジャー時間に何をするか次第である。郊外のコミュニティは、気が滅入るほど刺激が少ない可能性がある。というのはエメラルド色の芝生に建っているみごとな建物の中では、誰も興味深いことは何もしていないだろうと思うのがもっともだからである。社会のエリート層のメンバーと言葉を交わすだけで、その地域には金銭や家族、ファッション、休暇、ゴシップのほかに、興味を惹くものはほとんどないのだという印象を受ける地域がある。一方で世界には今もなお、名高い詩人に魅了されて古代の本を図書館に収集している退職した専門家や、楽器を演奏したり自分たちの村の物語を書いたり、祖先の一番優れた創作物を次から次へと保存したりしている農民のいる地域もある。

どの場合にも、個人レベルと同じように社会レベルでも、レジャーの習慣は結果としても原因としても働くということを見てきた。社会グループのライフスタイルが時代遅れになる時、仕事が退屈な日常になり、コミュニティの責任が意味を失う時、レジャーは徐々に、より重要になりそうである。そしてもし社会がエンターテインメントに依存しすぎになったら、必然的に起こる技術的、経済的問題に創造的に対処するために残された心理的エネルギーは、少なくなっているだろう。

アメリカでエンターテインメント産業が非常に成功している時に、それについて警告を発するのは、へそ曲がりのように思われるかもしれない。音楽、映画、ファッション、そしてテレビは世界中からドルを運び入れる。ビデオ店は事実上すべての区画に、失業者を減らしながら急激に広がる。そしてわれわれの子どもたちはメディアの有名人たちを、その人生に近づくべきモデルとして見る。そしてわれわれの意識は運動選手や映画スターの行動についての情報でいっぱいになる。これらすべての成功が有害になるだなどと、どうしていえるのだろうか。もし、ただ経済に重点を置いた見地からだけ流行の価値を評価するなら、何も悪いことはない。しかしもし受身的エンターテインメントにふけっている世代の長期的影響も考えるならば、バラ色の絵はまったく恐ろしいものになるだろう。

自由がないので意義のない仕事と、目的がないので意義のないレジャーに人生を分極化させる危険を避けるためには、どうすればよいだろうか。一つの可能な出口は、先の章で論じた創造的な人々の例によって示されている。伝統的な社会に暮らす人々にとってと同じように、創造的な人々の人生では仕事と遊びは不可分のものである。しかし伝統的な社会に暮らす人々とは違って、創造的な人々は凍りついた時間の中に縮こまったりしなかった。彼らは未来に存在するよりよい道を見出すために、過去と現在から最良の知識を用いる。彼らから学べるのは、自由時間を極度に恐れる理由はもはやまったくないということである。仕事それ自体はレジャーと同じくらい楽しめるものになるし、仕事から休憩したいと思えば、レジャーは精神をぼんやりさせるための計画ではなく、ほんとうのレクリエーションになるだろう。

もし仕事が手の施しようがなかったら、ほかの解決法は、自由時間を少なくともフローのための——自己と環境の潜在能力を探るための——ほんとうの機会に確実にすることである。幸運にも、世界は確かに、やってみるべき面白いことでいっぱいである。ただ、想像力の欠如かエネルギーの欠如だけが立ちはだかっている。もしそうでなければ、われわれは皆、詩人か音楽家、発明家か冒険家、アマチュア学者か科学者か芸術家か収集家になれただろう。

第6章

人間関係と生活の質

生活の中で最もよい気分と最も悪い気分の原因になるものは何かと考えた時、ほかの人たちのことを考えるかもしれない。恋人や配偶者はすばらしく元気にさせてくれるが、また、いらいらさせたり落ち込ませたりもする。子どもたちは恵みでもあり苦痛でもある。上司の言葉は一日をよくも悪くもする。われわれがふつうの状況で行うすべてのことの中で、他者との交流は最も予測のつかないものである。ある瞬間にはそれはフローで、次には無気力、不安、くつろぎ、退屈になる。交流が精神にもたらす力を利用して、臨床医は心理療法のやり方を発展させてきた。それは他者との好ましい出会いを最大に増やすことにかかっている。幸福が人間関係に深く調子を合わせ、意識が他者から受け取るフィードバックに共鳴することは疑いない。

たとえば、経験抽出法で調査した人々のうちの一人であるサラは、土曜日の朝九時一〇分にキッチンに一人で座って、朝食をとり新聞を読んでいた。ポケットベルがシグナルを発した時、1は悲しい、7は大変幸福という尺度で、彼女は自分の幸福度を5に位置づけた。一一時三〇分に次のシグナルが着信した時、彼女は依然として一人で、タバコを吸っていて、息子が別の都市へ遠く離れていこうとしているという考えで悲しんでいた。ここで幸福度は3に落ちた。午後一時に、サラは一人でリビングルームに掃除機をかけていたが、幸福度は1に落ちた。午後二時三〇分には彼女は裏庭にいて、孫たちと泳いでいた。ここで幸福度は完全な7になった。しかし一時間も経たないうちに、日光浴をし、本を読もうとしたのに孫たちが彼女に水をはね散らしていた時、幸福度は再び

2へ下がった。「嫁がもっと悪ガキたちの面倒をみるべきだ」と彼女はESM調査票に記入した。一日のうちでほかの人について考えることや、ほかの人と交流することは、われわれの気分に絶え間なく伴奏をかなでる。

ほとんどの社会では、工業化された西洋の社会に比べて、人々は非常に多くを社会的文脈に依存する。個人は自分の潜在能力を自由に発展させられるように放任されるべきであるということをわれわれは信じている。そして少なくともルソー以来、社会を個人の達成にとって思い通りにならない障害として考えるようになった。対照的に、とくにアジアの伝統的な見方では、個人は他者との交流を通して形づくられ洗練されるまでは、何者でもないのである。これがどのようなものかについての最も明瞭な例の一つが、インドにある。正統派のヒンドゥー文化は、幼児期から老年期まで、そのメンバーが行動の適切な理想にかなうことを確実にしようとして非常に苦労してきた。「ヒンドゥー教徒は一連の集団的なイベントの間に、意識的かつ故意に生み出される。これらのイベントはサンスカーラ、つまりヒンドゥー教徒の人生において基本的かつ強制的なライフサイクル儀式である」とリン・ハートは記した。サンスカーラは人生の連続する各段階のために、新しい指導のルールを与えることによって、子どもや大人の人間形成を助けるのである。

インドの精神分析医サディール・カカーが半分ふざけて書いたように、サンスカーラは正しい時の正しい儀式〔right rite という洒落〕なのである。

一連のステージで人間のライフサイクルは展開し、各ステージには特有の「仕事」と、そのステージを通してのきちんとした発達のために必要なものがあるととらえることが、伝統的なインドの考え方の確立された部分である。……これらの儀式の主な目的の一つは、子どもを社会に漸進的に統合することである。つまりサンスカーラでもって、原初的な母と子の共生から引き離して、コミュニティの完全に自立した一員へと子どもを導く慎重な動きに拍子をとるのである。

しかし、社会化は行動を形づくるだけでなく、意識を文化の期待と願いにぴったり合わせさせる。そのため他人に失敗を見られると恥を感じ、他人を失望させたと思うと罪悪感を感じるのである。ここでもまた、自己がどれくらい深く、内在化されたコミュニティの期待によって決まるかという点について、文化間で非常に大きな違いがある。たとえば日本語には依存、義務、責任のすばらしい微妙な違いを言い表す言葉がいくつかあるが、それを英語に訳すのは難しい。なぜならわれわれの社会環境では、そのような感情を同じだけ体験することにはならなかったからである。日本では、洞察の鋭い日本人ジャーナリスト笠《りゅう》信太郎によると、典型的な人は「他人が行くところにはどこでも行きたがり、海に泳ぎに行く時でさえ、空いている場所を避け、芋を洗うように混んでいる場所を選ぶ」。

なぜわれわれが精神的にも肉体的にも、それほど社会環境に巻き込まれるのかを理解することは難しくはない。ヒトの近縁種であるアフリカのジャングルやサバンナに住んでいるサルでさえ、グループに受け入れられなければ長くは生きられないということを学んだ。孤立したヒヒはすぐにヒョウやハイエナの餌食になった。われわれの祖先はずっと昔に、自分たちは社会的動物で、防御のためだけでなく生活の快適さを学ぶためにもまた、グループに依存しているのだということを理解した。ギリシャ語の「idiot」〔馬鹿〕は、もともとは一人きりで暮らす人を意味した。つまり、コミュニティの交流から切り離されているような人は精神的に無能であることが当然と思われていたのである。現代の書き言葉をもっていない社会では、この知識が非常に深くしみ込んでいて、一人でいるのを好む人は魔女に違いないと思われている。ふつうの人は強制されないかぎり人との交わりをやめようとしないからである。

交流は意識のバランスを保つのに非常に重要なので、それがわれわれにどのような影響を与えるかを理解すること、また、それらをネガティブな体験ではなくポジティブな体験に変える方法を学ぶことは重要である。ほかのすべてと同様に、人間関係はただでは楽しめない。その利益を得るためには、ある程度の心理的エネルギーを費やさなければならない。もしそうしなければ、われわれは、地獄は他人だと結論したサルトルの『出口なし』の登場人物の立場に身を置く危険を冒すことになる。

心理的エントロピーではなく意識の秩序へ導く人間関係は、少なくとも二つの条件を満たしていなければならない。第一は、自分の目標と他者または他者たちの目標との間に、いくらかの調和の可能性があることである。交流のそれぞれの参加者は、自分の利己心を追求するに違いないので、これはおおむねいつでも難しい。それにもかかわらず、ほとんどの状況で、探してみれば、少なくとも共有された目標の断片は見つけられるのである。充実した交流のための第二の条件は、ほかの人の目標に喜んで注意を注ぐことである。心理的エネルギーがわれわれの所有する最も必要不可欠で希少な資源であることを考えると、これは簡単な仕事ではない。これらの条件が整った時、他者と一緒にいることから最も価値のある結果を得ることが可能になる。それは、最も望ましい交流から生まれるフローを体験することである。

人々が報告する最もポジティブな体験は、ふつう、友人と一緒にいる体験である。これはとくに若者に当てはまる(図3)が、人生の後期においても当てはまる。人々は概して、友人と一緒にいると、何をしているかに関係なく、より幸福でモチベーションがある。勉強や家事の雑用でさえ、それらは一人でするか家族とすると気分を落ち込ませるのだが、友人と一緒にするとポジティブな体験になる。なぜそのようになるかは簡単にわかる。友人と一緒にいると、最も望ましい交流のための条件が、ふつう、最大になるのである。われわれは、その人たちの目標が自分のものと矛盾せず、関係が平等なので、その人たちを友人に選ぶ。友情には、搾取につながるかもしれない外部からの強制なしに、相互に利益を与えることを期待できる。理想的には友情は静的なものではない。つまり、常に新しい感情的・知的刺激を提供するので、関係は退屈や無気力に薄れていかないのである。われわれは新しいことや、活動、冒険に挑戦し、新しい姿勢や、考え、価値観を発展させる。また、もっと深く親密に友人を知るようになる。多くのフロー活動は、チャレンジがすぐに消えてしまうので短期間にだけ楽しい一方、友人は感情的・知的スキルを磨きながら、一生の間、潜在的に無限の刺激を提供するのである。

もちろん、この理想は頻繁に達成されるというわけではない。成長を促進する代わりに、友情はしばしば、自己イメージを変化させることなく保護する安全な繭を提供する。ティーンエイジャーの仲間集団の表面的な親睦、郊外のクラブ、コーヒー茶話会、専門的な団体、飲み仲間は、努力や成長を求めることなく同じような精神性の人々の一員であるという心安まる感覚を与える。このことを示すものは図３に見られる。一人でいるよりも友人と一緒にいる方が、集中力はふつう、顕著に低くなっている。見たところ、典型的な友人との交流では、精神的な努力はめったに伴わない。最悪の場合、ほかの親密な結びつきをもたない人は、感情的サポートを求めてほかの根なし草の

図3
さまざまな社会的文脈でティーンエイジャーの体験の質はどのように変化するか

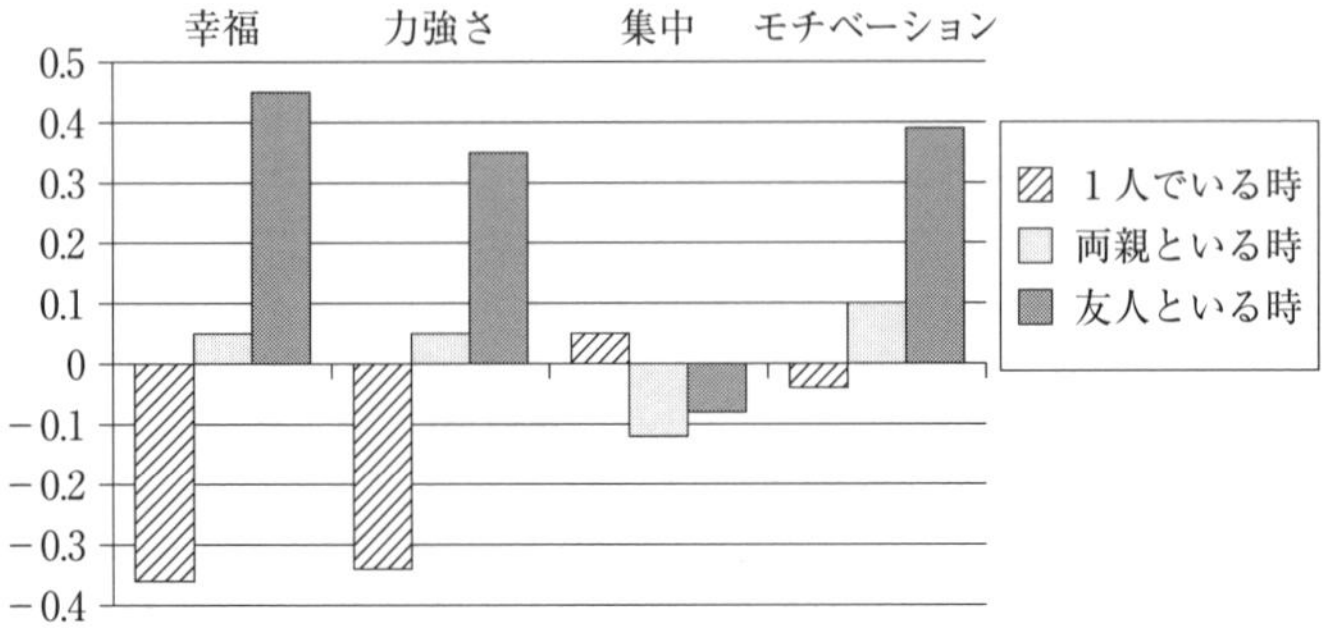

この図の「0」は1週間を通して報告された平均的な体験の質を指す。幸福と力強さの感情は1人でいると顕著に低くなり，友人といると高くなる。モチベーションは友人といると顕著に高くなる。同様の傾向は，大人でもティーンエイジャーでも，アメリカでも外国でも，すべてのＥＳＭ研究で見られる。
（出典：Csikszentmihalyi and Larson 1984）

ような人にもっぱら依存するようになり、友情は破壊的になる。都会のギャング、社会規範から外れたグループ、テロリストの組織はふつう、彼ら自身の失敗によってか環境によってか、どんなコミュニティにも適した場所を見つけられず、アイデンティティを確かにするためだけにお互いがいるという人々によって成り立っている。このようなケースでもまた、関係の結果として成長が起こるが、大多数を見ると、それはきわめて有害な成長である。

社会環境のほかの主な特徴と比較すると、友情は今現在において最も感情的に報われる関係であり、また長期的に潜在能力を発展させるための最も大きな機会でもある。現代の生活は、しかしながら、友情を維持するのにふさわしいものとはいえない。もっと伝統的な社会では、一生を通して子ども時代の友人と連絡を取り続ける。アメリカの地理的、社会的流動性はこれをほとんど不可能にした。高校の友人は小学校の友人と同じ人ではないし、大学での友人はもう一度混ぜ直される。一つの仕事からほかの仕事に移る時、一つの都市からほかの都市へ移る時、そして年をとると、一時的な友情はさらに表面的になる。ほんとうの友人がいないことは、しばしば、人生の後半期に感情的危機に直面した人々の主な不満となる。

不平のもう一つのよくある原因は、満足できる性的関係の欠如である。二〇世紀の文化的達成の一つは、よい人生のための「よいセックス」の重要性の再発見だった。しかしながら、ふつう、振り子はあまりに遠くに揺れてしまった。というのは、性的関心はほかの体験の文脈から外されてきたのである。そして人々は、セックスを自由にできることで幸福になれるという間違った概念を受け入れてきた。性的な出会いの多様性と頻度は、それらが埋め込まれている関係の深さと激しさよりも優先されてきた。進化論によるアプローチでは、性的関係の原初的な目的は、子どもを作り、親となるカップルを結びつけることだったと確証されるので、この論点に関して、教会の伝統的な教えが大衆の現代的な信念よりも科学的立場に近いということは皮肉である。もちろんこれは、これらの機能がセックスの唯一の目的でなければならないということを意味するのではない。たとえば、味蕾の適応機能は食べ物が腐っていないかどうかを見分けることだったが、時が経つと味覚の繊細なニュアンスに基づいて複雑な料理法を発展させた。そのためまた、性的な喜びの原初的な理由がなんであろうと、人生を豊かにするための新しい可能性を生み出すために用いることがいつでもできるのである。しかし、ちょうど飢えと関係のない大食が不自然なように、親密さ、思いやり、約束といったほかの人間的欲求から切り離されたセックスに狂うことは、同様に異常なことである。

本能の解放の大胆な先駆者が、社会の抑圧への解決策として自由なセックスを呼び掛けた時、半世紀後にはセックスが体臭防止剤やソフトドリンクを売るために使われるだろうという可能性について、彼らはよく考えなかった。ヘルベルト・マルクーゼ〔哲学者〕たちが悲しそうに記したように、性愛はいずれ搾取されるに違いなかった。そのエネルギーは非常に強かったので、教会や国家の権力、そうでない場合は広告産業によって取り込まれた。過去においては、性的関心は抑圧されていたので、それに惹きつけられる心理的エネルギーは生産的な目標に向けられることができた。今では性的関心は奨励されているので、人々は性的な達成の幻想を与える消費に心理的エネルギーを向ける。どちらの場合にも、最も深く親密な人生の喜びの一部になることのできたはずの力は、外部からの支配力によって圧倒され、操作された。

われわれは何ができるだろうか。人生のほかの面を見てもわかるように、重要なのは自分のために決めることであり、何が危なくなっているか、われわれの性的関心を勝手な目的のためにコントロールしようとしている支配力はなんなのかを理解することである。それは、われわれがこの点でいかに傷つきやすいかを理解する助けとなる。それは至る所に存在する状況であり、たとえばアメリカ側のロッキー山脈では、コヨーテは時に、何も疑っていない農場の雄犬をコヨーテの群れが待ち伏せしている場所へ誘い出すために、発情期の雌を送り込むそうである。自分たちの傷つきやすさを理解すると、反対に極端に危険を感じ、セックスについてわけもなく恐れるようになる。禁欲主義も乱交も、必ずしもわれわれのためにはならない。重要なのは、自分がどのように生活を管理したいと思うか、そしてその中で性的関係にどのような役割を演じてほしいと思うかである。

友人をもつのが難しいことへの部分的な埋め合わせとして、アメリカでは新しい可能性が発見された。それは、両親や配偶者、子どもたちと友人になることである。ヨーロッパの洗練された愛の伝統では、配偶者との友情は〔夫婦の愛と〕矛盾するものだと考えられた。結婚が主に経済か政治同盟に貢献するものであり、また子どもたちが両親に相続と地位のために頼っていた頃、友情を可能にする平等と相互関係の状況は欠けていた。しかし、ここ二、三世代では、家族は経済的必需品としての役割のほとんどを失ってきた。そして、物質的な利益のために家族に依存することが少なくなればなるほど、感情的報酬のためにその潜在能力を楽しむことができるのである。このようにして現代の家族は、いろいろな問題を抱えながらも、前の時代では手に入れるのがもっとずっと難しかった、最適経験のための新しい可能性を開いている。

少なくともヴィクトリア時代からわれわれが心に抱いてきた家族のイメージは、多くの可能な選択肢の中の一つでしかなかったことが、この二、三〇年で理解されてきた。歴史家ル＝ロワ＝ラデュリによると、中世の後期、フランスの田舎では、同じ屋根の下に暮らし、同じ釜の飯を食べるすべての人から家族が成り立っていたという。これは実際に血縁のある人々を含んでいたかもしれないが、また農場の仕事を手伝ったり、宿を与えてもらったりするために迷い込んだ働き手やその他の人々も含んでいたかもしれない。見たところ、これらの人々の間にはどんな分け隔てもなかった。血縁関係があろうとなかろうと、彼らは同じ神の家、つまり石とモルタルでできた家に所属しているように見え、それは生物学的家族よりもほんとうに重要な関係のある構成単位だった。千年前、ローマの家族は非常に変わった社会的取り決めだった。そこでは、もし子どもが気に入らなかったら、家父長は子どもを殺す法的権利をもっていた。そして生物学的血統は、一九世紀の貴族の家族にとっての場合と同じくらい重要な意味をもっていた。

だが、これらのバリエーションは、やはり同じ文化的伝統の内にあるものだった。さらに人類学者の紹介によって、われわれはその他の家族形態の非常に多様なあり方を知るようになった。たとえば年長の世代のすべての女性が「お母さん」と考えられている非常に拡大されたハワイの家族から、一夫多妻や一妻多夫の取り決めの変化に富んだ形態まで。これらすべては、核家族の崩壊を目の当たりにする準備だったといえる。離婚率は五〇パーセントになり、大多数の子どもが父親がいないか、再婚後の家庭で育っている。新しい形態への通常の移行とは違い、社会的・経済的状況の変化に適応しなかった悲劇がたくさんあった。極端なところでは、家族は時代遅れで、消えるように運命づけられた保守的な社会制度であるという主張もある。

逆の見方は、「家族の価値」を支持することを目指す保守的な人に提唱されている。この場合の家族の価値とは、二〇世紀半ばのテレビの連続ホームコメディーで大事にされている、型にはまったパターンを意味する。この議論で正しいのは誰だろうか。明らかに、ある程度どちらも正しいし、徐々に発展しているパターンを硬直的な見方で見ている点では、どちらも間違っている。一つには、理想的な家族のパターンは常に存在していたのであり、ほかの社会的状況が変化している間もこの理想をもちこたえることができると主張することは、不誠実である。また一方では、両親だけが成長過程の子どもに与えることができると思われる感情的支えと養育なしに、健康な社会システムが存在できると主張することは、同様に誤っている。家族がとってきた形態がいかに多様であろうとも、一つの不変のことは、家族は、お互いとその子どもの幸福のために責任を負う男女の大人を含むということである。

こうした理由から、結婚はすべての社会において非常に複雑な社会制度となっている。結婚に伴った交渉は、持参金と結納金の細かい計算を含み、その結びつきの間に生まれた子どもが公の重荷にならないよう保証することを意図していた。すべての社会で、花嫁と花婿の両親と親戚は、物質的必要性の点でもコミュニティの価値観とルールへの社会化の点でも、その結びつきの間に生まれた子どもの支援と訓練の責任を負った。これまでどんな社会も——旧ソ連もイスラエルも共産主義の中国も——家族を出し抜いて、その代わりにほかの社会制度を代用できたことはない。その代用物を生み出すことのできないままに、自由資本主義がよかれと思って、かつてないほどに家族を弱体化させることに成功したことは、この時代の大いなる皮肉の一つである。

生活の質に対する家族関係の影響は非常に大きいので、それについて何冊もの本が書ける。実際、『オイディプス王』から『ハムレット』『ボヴァリー夫人』『楡の木陰の欲望』まで、多くの偉大な文学作品が家族関係をテーマにしている。家族の交流は、それぞれのメンバーにさまざまな方法で、体験の質に影響を及ぼす。父親、母親、子どもたちは、同じ出来事に対して、それぞれの状況の見方や過去の彼らの関係の変遷の歴史に応じて反応する。しかし、非常に幅広い一般化をすると、一日の感情的浮き沈みにとって、家族ははずみ車〔機械の速度を一定に保つ作用をする重い車〕として働く。家庭にいる時の気分はめったに友人と一緒にいる時ほど元気づけられないが、一人でいる時ほど低くなることもない。同時に、機能不全の家族の特徴である、嘆かわしい虐待と暴力が示すように、比較的安全にうっ積した感情を解放できるのは家庭なのである。

経験抽出法による家族の変化の歴史の広範囲にわたる調査において、リード・ラーソンとマリーズ・リチャーズはいくつかの興味深いパターンを発見した。たとえば、共働きの両親の場合、夫の気分は仕事をしている時は低く、家に帰ると改善された。一方、外での仕事から帰ってきた時に家庭の雑事に向き合わなければならない妻には、逆のことが当てはまる。このようにして感情的幸福の逆のサイクルが引き起こされている。予想されるのとは対照的に、感情的に緊密な家族にはさらなる論点がある。たとえば、家族にほんとうに問題が起きている時、両親と子どもたちは議論するのではなくお互いを避ける。現代の家族においてさえ配偶者間のジェンダーの違いは依然として強い。つまり、父親の気分はほかの家族の気分に影響し、子どもたちの気分は母親に影響するが、母親の気分はほかの家族に認識できる影響をほとんど及ぼさない。また、父親の四〇パーセントと一〇パーセント以下の母親が、ティーンエイジャーの子どもがよい成績をとるとよい気分になると言っている。一方で四五パーセントの母親とたった二〇パーセントの父親が、ティーンエイジャーの子どもがよい気分でいると、自分たちの気分もよくなると言っている。明らかに、ジェンダーの役割が要求するので、男性は依然として子どもが何をするかに関心があり、女性は子どもがどう感じているかに関心があるのである。

どうすれば家族がうまくいくのかについて、多くのことが述べられてきた。大多数の意見は、そのメンバーの感情的幸福と成長を支える家族は、二つのほとんど逆の特質を組み合わせているということである。家族は訓練と自発性、ルールと自由、高い期待と惜しみない愛情を組み合わせている。家族のメンバーを感情の結びつきの網目に結びつけている間ずっと、彼らの個性的な個人的発達を促進するという点で、最も望ましい家族のシステムは複雑なものである。何ができて、何ができないのか――子どもはいつ家に帰るべきか、いつ宿題をするべきか、誰が皿を洗うべきか――の交渉において、心理的エネルギーの過剰な無駄遣いを避けるためにルールと訓練が必要とされる。そうすると、それぞれのメンバーの目標の追求に投資することができる。口論や議論から解放された心理的エネルギーは、それぞれのメンバーは、もし必要だったら、家族の蓄積された心理的エネルギーを頼りにすることができると知っている。複雑な家族の中で育つと、子どもはスキルを発達させ、チャレンジを認識する機会をもつ。そしてこのようにして、フローとして生活を体験するための準備がより進むのである。

われわれの社会では、平均的な人は起きている時間の約三分の一を一人で過ごす。それ以上かそれ以下の時間を一人で過ごす人は、たいてい問題を抱えている。いつも仲間とつるんでいるティーンエイジャーは学校で問題を抱えており、自分一人で考えるようにはならないだろう。一方、いつも一人でいるティーンエイジャーは簡単にうつ病や孤独感の餌食となる。自殺は、北方の木材切り出し人のような、仕事のせいで物理的に孤立する人や、精神科医のように感情的に孤立する人々の間で、より頻繁に起こる。例外は、一日が非常に厳しくプログラムされているので、心理的エントロピーが意識をとらえる機会がない状況である。カルトゥジオ修道院の修道士は、社交性の対極で、人生のほとんどを悪い影響なしに隔離された小部屋で過ごすかもしれない。同じことは潜水艦の乗組員にも当てはまり、そこでは乗組員は何か月にもわたって一切のプライバシーがないこともありうる。

　書き言葉をもっていない多くの社会で、孤独の最適量はゼロだった。人類学者レオ・フォーチュンによって描写されたメラネシアのドブ族は、災難のような孤独を避けようとする点で典型的である。ドブでは、用を足すために茂みの中へ行かなければならない時、もし一人になったら魔法で害されるかもしれないという恐れから、必ず友人か親類の人と一緒に行く。魔法が孤独な人に対して最も効果的であるということは、まったく非現実的な考えではない。その説明は寓意的だが、それが表すのは真実である。それは多くの社会科学者が記したこと、すなわち、孤立した個人の精神は妄想や不合理な恐怖に陥りやすいということを表す。天気や昨夜の球技のような、一番ささいな話題についてでさえ、ほかの人と話す時、会話は共有された現実を意識にもたらす。「よい一日を」というような挨拶でさえ、われわれに、ほかの人が自分の存在に気づいてくれて、自分の幸福に関心をもってくれているから自分は存在していると思わせ、安心させるのである。このようにして、最も日常的な出会いでさえ、その根本的な機能は現実の維持であり、意識がカオスに分解するといけないので、それは必須のものである。

　これと同じ理由で、人々は一般的に、ほかの人といる時よりも一人でいる時に、より落ち込んだ気分を報告する。より幸福でなく、より元気がなく、より力強さがなく、より退屈で、より受身で、より孤独である。一人でいる時に高くなる傾向のある唯一の体験の次元は、集中である。これらのパターンについて初めて聞いた時に、思慮深い人の多くは容易に信じない。「ほんとうであるはずがない」と彼らは言う。「私は一人でいるのが好きで、できるだけ孤独でいようとしている」。実際には孤独を好むようになることは可能だが、簡単なことではない。もし芸術家であったり、科学者や作家であったり、また趣味や豊かな内面の生活をもっていたら、一人でいることは楽しいだけでなく必要不可欠でもある。しかし、これを可能にする精神的な手段を自由に駆使できる人は、かなり少数である。

ほとんどの人はまた、孤独に耐える自分たちの能力を過大評価している。エリザベート・ノエル＝ノイマンによってドイツで実施された調査では、この面でわれわれが思い違いをしている面白いほどの隔たりが示された。彼女は何千人もの回答者に、ある山の風景の二枚の絵を示した。一枚の絵はハイキングの人で混み合った草地を、もう一枚は同じ場所だが二、三人しかいない光景を表していた。そして彼女は二つの質問をした。一つ目は、「二つの場所のどちらで休暇を過ごしたいと思いますか？」で、約六〇パーセントの人が寂しい草地を選び、たった三四パーセントが混み合った方を選んだ。二番目の質問は、「ほとんどのドイツ人が休暇を過ごしたいと思うのはどちらだと思いますか？」で、これには六一パーセントの人が、混み合った光景が同国人が一番に選ぶ方だろうと答えた。そして二三パーセントの人が寂しい方だと答えた。ここで多くの似たような状況と同じく、自分たちが欲していると主張しているものよりも、他人が欲していると人々が言うものを聞くことによって、ほんとうの好みをよりよく知ることができるのである。

しかしながら、孤独を好もうと好むまいと、この時代では少しは孤独に耐えることができなければならない。数学を学んだり、ピアノを練習したり、コンピュータをプログラムしたり、人生の目標を考えたりするのに、周りに他人がいてはやりにくい。意識の中の考えを秩序づけるように要求された集中は、外部からの言葉やほかの人に注意を払う必要性によって、簡単に邪魔される。このことから、いつでも友人と一緒にいなければならないと感じている青少年——彼らはふつう、家族がほとんど感情的支えを与えてくれない子どもである——は、複雑な学習に必要な心理的エネルギーをもっていない傾向にあるということがわかる。優れた精神的素質をもっていたとしても、孤独への恐れは、彼らが才能を伸ばす妨げとなるのである。

もしも孤独が人間にとって常に恐れの対象であってきたというのがほんとうなら、よそ者は確かに問題だった。一般に、自分たちとは違う人——血縁関係、言語、人種、宗教、教育、社会階級などで——は、自分たちとは相反する目的をもっていて、それゆえ、疑いをもって観察しなければならないということが当然と思われている。初期の人類の集団は、ふつう、自分たちが唯一のほんとううの人間で、文化を共有していない人々はそうではないと考えていた。遺伝子的にはわれわれは皆関係があるのだが、文化の差異は互いの孤立を強化してきた。

このため、異なったグループが接触するといつでも、非常によく互いの人間性を無視し、もしもの時にはたいして良心の呵責も感じずに破壊することができる敵として「他者」を扱ったものだった。これはニューギニアの首狩族に当てはまるだけでなく、ボスニアのセルビア人とイスラム教徒、アイルランドのカトリックとプロテスタント、そして表面的な文明のもとでかろうじておさまっている人種と信条の間のその他の無限の対立にも当てはまる。

多様な部族のアイデンティティが最初にほんとうに溶けあっていたのは、世界中のさまざまな場所、中国からインド、エジプトで約八、〇〇〇年前に興った大都市である。ここで初めてさまざまな背景をもつ人々が協力するようになり、ほかの地方のやり方を許容するようになった。しかし、世界主義的なメトロポリスでさえ、よそ者の恐怖を除去することはできなかった。中世のパリでは、学校へ行く途中と帰り道、誘拐や強盗から身を守るために、たった七歳の生徒が短剣を身につけなければならなかった。今では都心の生徒は銃を携帯している。一七世紀には、女性にとって、町の通りを歩いていて若いごろつきのギャングに強姦されるというのは、非常によくあることだった。都会のジャングルでは、肌の色が違い、服装や物腰が違う男性は、いまだに潜在的な捕食者である。

しかしながら、この場合にも裏面がある。差異によって不快を感じている時には、また、見なれない珍しいものに魅了されてもいるのである。文化のぶつかりあいが、孤立した均質な文化では見つけにくい興奮、自由、創造の空気を生み出していたので、メトロポリスは非常に魅力的だった。結果として、最もポジティブな体験の一部は、見知らぬ人に囲まれている公共の場所——公園、通り、レストラン、劇場、クラブ、浜辺——で体験したと人々は報告する。「他者」が自分たちの基本的な目標を共有し、ある限度内で予測できる行動をするだろうと推測するかぎり、彼らの存在は生活の質にたくさんのスパイスを加えてくれる。

最近の多元主義とグローバルな文化への推進（確かに同じものではないが、両方とも差異化というより統合に向かう傾向にある）は、よそ者のよそ者らしさを減らす一つの方法である。もう一つはコミュニティの「復興」である。前文のカギ括弧は、理想的なコミュニティは理想的な家族と同様、ほんとうに存在したことは一度もなかったかもしれないということを示すためである。個人の人生の歴史を読むと、コミュニティの内側からも外側からも敵の恐れなしに、人々が穏やかな協力のうちに仕事にとりかかれるどんな場所や時間も、なかなか見つけられないものだった。中国やインドやヨーロッパの小さな町には、人種的少数派も組織的な犯罪もなかったかもしれないが、はみ出し者、変質者、異端者、身分差別、市民戦争で大きくなった政治的・宗教的敵意などがあった。アメリカでは最も初期のコミュニティでは多大な団結力があったに違いなかった。もし、魔女狩りやインディアン戦争、英国の王に従うか反対するか、奴隷制に賛成するか反対するかで分裂させられなければ。
言い換えれば、ノーマン・ロックウェル〔アメリカの画家〕の絵筆を奮い立たせた理想的なコミュニティは、彼の描いた、感謝祭のごちそうの載ったテーブルの周りに腰をかがめて満足げに笑みを浮かべて座っている血色のよい小太りの家族ほど典型的なものではないということである。それにもかかわらず、これが意味するのは、健全なコミュニティをつくろうとすることは悪い考えではないということである。むしろ、それが示すのは、過去にモデルを探す代わりに、未来に実現できそうな、非常に安全でしかし刺激的な社会環境を考え出すべきだということである。

西洋哲学の初めから、思索家たちは人間の潜在能力を発揮する二つの主な方法を心に描いていた。最初は vita activa〔活動的生活〕、つまり自分の存在を公共の場での活動——社会環境で何が起きているかに注意を払うこと、決断すること、政治に関わること、自分の信念を通すこと、自分の快適さと評判を犠牲にしてさえ明確な態度を打ち出すこと——を通して表現することを要件とした。これは、最も影響力のあるギリシャの哲学者の幾人かが、人の本質の究極の達成として見たものである。後に、キリスト教の哲学の影響下で、vita contemplativa〔瞑想的生活〕が人生を送る最もよい方法として優勢になった。それは孤独な沈思、祈り、最高の存在との霊的交感を通してのもので、最も完全な達成に到達できると考えられていた。そしてこれら二つの戦略は、ふつう互いに排他的だと思われている――行動家と思索家に同時になることができないように。

この二項対立は依然として、人間の行動に関するわれわれの理解全体に広がっている。カール・ユング〔精神科医、心理学者〕は、精神の根本に関わる対になる特徴として、外向性と内向性の概念を紹介した。社会学者デイヴィッド・リースマンは、内部指向〔他人の行動に影響されず自分の価値観に基づいて行動する〕から外部指向〔他人指向ともいう〕のパーソナリティーへの歴史的変化について述べた。最近の心理学研究では、外向性と内向性は、人々をそれぞれ差異化し、確かな計測ができる最も安定したパーソナリティーであると考えられている。ふつう、われわれは他人と交流するのが好きで一人でいると途方に暮れた感じがするか、孤独の中に光を見つけ人々と関係することができないかの、どちらかになる傾向がある。これらのタイプのどちらが、人生で一番よいものを手に入れられそうだろうか。

最近の研究は、社交的で外向的な人は内向的な人よりも、より幸福で、元気で、ストレスを感じず、穏やかで、安心しているという安定した証拠を提示している。この結論は、外向的な人――そのようにつくられるのではなく、生まれつきであると考えられる――が、すべてにおいて人生で得をするということであるように思われる。この場合、しかしながら、データの解釈のされ方についていくつかの保留があると私は思う。外向性の表れの一つはものごとに対してポジティブな解釈をすることである。一方、内向的な人は内面の状態を表現するのに差し控える傾向がある。そのため両方のグループで体験の質は似ているが、報告だけが違っているかもしれないのである。

よりよい解決法は創造的な人々を調査することによって示される。外向的であるか内向的であるかではなく、このような人々は人生を送る過程で両方の特徴を表すように思われる。実際、「孤独な天才」の固定観念は根強く、事実的根拠をもっている。というのも、一般に執筆したり絵を描いたり、研究室で実験をしたりするためには、一人にならなければならないのだから。しかし、創造的な人々は、人を見つめ、耳を傾け、アイデアを交換し、ほかの人の仕事を知るようになることの重要性を重ねて強調する。物理学者ジョン・アーチボルト・ホイーラー〔ブラックホールの命名者として有名〕は非常に率直にこの点を表現する。「ものごとを人と一緒に考えないなら、ものごとの外にいるということです。いつも言っていますが、誰かと一緒にいなくては、誰も、何者にもなることはできないのです」。

もう一人の傑出した科学者、フリーマン・ダイソンは、彼の仕事において、この二項対立の背中合わせの面を明瞭なニュアンスで表現する。彼は仕事場のドアを指して言う。

科学は非常に社交的なビジネスです。それは本質的に、このドアを開けておくか、閉ざしておくかの違いなのです。私が科学に関わっている時、ドアは開けています。……いつでも人と話していたいと思います。……なぜなら何か面白いことができるのは、ほかの人との交流によってだけだからです。それは本質的に共同社会の事業です。いつでも新しいことが起こっていて、何が起こっているかに遅れずに、気づいていなければなりません。いつも話していなければなりません。しかしもちろん、執筆することは難しいのです。執筆している時はドアを閉ざし、あまりたくさんの音が入ってこないようにします。そのためよく、執筆している時は図書館に行って隠れてしまいます。それは孤独なゲームです。

いくつかの動揺した時代を通して会社を成功裡に導いてきたシティコープ〔銀行〕のCEOジョン・リードは毎日の日課に、内部指向の熟考と極度に社交的な交流との循環を築いてきた。

私は早起きです。いつも五時に起きて、シャワーから出るのは五時半です。そして通常は家かオフィスで仕事をしようとします。それが長時間考え、優先事項をする時です。……九時半か一〇時まで、かなり静かな時間を保とうとします。それからたくさんの業務に巻き込まれます。もしあなたが会社の会長だったら、それは部族の族長であるようなものです。人々がオフィスに入ってきて、話をします。

芸術という非常に私的な領域においてさえも、交流の能力は必要不可欠である。彫刻家ニナ・ホルトンは、彼女の仕事における社交性の役割をうまく表現した。

その人の居場所で、完全に一人きりでは、ほんとうに働くことはできません。仲間の芸術家がやってきて、話し合えればと思います。「それはどうやって思い浮かんだの?」というように。ある種のフィードバックがなければならないのです。完全に一人きりでそこに座っていることはできません。……そしてそのうち、〔作品を〕見せ始める時、完全なネットワークをもっていなければなりません。ギャラリーの人々を知るようにならなければならず、同じ分野で働いている人々を知るようにならなければなりません。そしてその一部になりたいか、なりたくないかわかりたいと思うかもしれませんが、仲間にならざるをえないのです。わかりますか?

これらの創造的な人々が人生に立ち向かう方法は、同時に外向的にも内向的にもなりうるということを示す。実際、内向性から外向性までのいっぱいの幅を表すことは、人間であることのふつうのあり方なのかもしれない。異常なのは、この連続体の端の一つで身動きがとれなくなることである。そして人生を社交としてだけか、孤独な存在としてだけ体験することである。確かに、気質と社会化はわれわれをどちらかの方向へ押しやるだろう。そしてしばらく後、これらの条件づけの力に応じることは簡単になり、社会的交流か孤独のどちらかを楽しむが、両方は楽しめないようになる。そうなることは、しかし、人間が体験できる幅を縮小し、人生の楽しみの可能性を減少させるのである。

第7章

生活のパターンを変えよう

読者にもらった手紙の中で私が一番心を動かされたものの一つは、数年前、八三歳の男性にもらったものである。彼はこう書いている。第一次世界大戦の後、彼は南部に駐屯する野戦砲兵隊の兵士だった。彼らは砲車を引くために馬を使い、作戦行動の後は車から馬を外してポロをしていた。そのゲームの間、彼は後にも先にも感じたことのない浮き浮きした気分を感じた。そういうわけで、彼はポロだけがそんなによい気分にさせてくれると思い込んだのである。続く六〇年間は型にはまって平穏なものだった。それから彼は *Flow*〔チクセントミハイの著書。邦訳『フロー体験　喜びの現象学』今村浩明訳、世界思想社、一九九六年〕を読み、若い頃に馬に乗っていた時に体験したスリルは、必ずしもポロに限られたことではないと悟り、面白いかもしれないと思っていたがやったことのなかったことをやり始めた。彼はガーデニング、音楽鑑賞、その他の活動を始め、なんと、若き日の興奮をよみがえらせたのである。

この男性が八〇代で、受身的に退屈な人生を受け取る必要はないのだと発見したのはよいことである。やはり、それまでの六〇年間が不必要に不毛だったと思われるが。そしてどれくらいの人が、体験を最大限に利用できるように心理的エネルギーを方向づけることができると、ずっと知らないままでいるのだろうか。人口の約一五パーセントがフローを体験したことがないという調査結果が正しいのであれば、アメリカでは数千万人の人々が、人生を生きる価値があるようにするものを自分たちから取り上げていることになる。

もちろん多くの場合、なぜある人はフローをめったに、またはまったく体験しないのかは、よく理解されている。困窮した幼年期、虐待をする両親、貧困、その他の外因的な理由が多数あると、毎日の生活に喜びを見出すことが難しくなるのかもしれない。一方、生活の質が外部から決められるという考えはほとんど支持できないという、このような障害を克服した人の多くの例がある。虐待されたと主張する読者、また私が言ったこととは正反対であることを知ってほしいという読者から、私がフローについて書いたことへの最もよくある反論の中に、虐待を受けた子どもたちが大人になってからの人生を楽しむことは、絶対に可能であるというものがある。

たくさんの例があって、言及しきれない。私の好きな人の一人にアントニオ・グラムシがいるが、彼は二〇世紀のヨーロッパの思想の発展とレーニン＝スターリン主義の最終的な終焉に非常に強い影響を与えた、人道主義的社会主義の哲学者である。彼は一八九一年にサルデーニャの貧しい島の貧困家庭に生まれた。アントニオは背骨に変形があり、幼年期を通してずっと病弱だった。彼の父親が虚偽の告発で逮捕され、投獄されて、もはや大家族を支えられなくなった時に、彼らの貧しさはほとんど耐えられないものとなった。彼の背中を治療するための不成功に終わった試みの一つとして、アントニオのおじはよく、彼らが住んでいたあばら屋の梁から、彼を逆さ吊りにしたものだった。アントニオの母親は彼が眠っている間にきっと死んでしまうと思っていたので、葬式の準備に時間がかからないよう、毎晩彼の上等な服と、タンスの上には二本のロウソクを用意していた。

これらの事実を知っていれば、グラムシが憎悪と悪意に満ちて育ってもなんの驚きもなかっただろう。しかしそうではなく、彼は頭脳明晰な文筆家、すばらしい理論家になり、抑圧された人々を助けることに人生を捧げた。イタリア共産党の創設者の一人ではあるが、便宜や党の信条のためには、自分の人道主義的価値観を決して譲らなかった。孤独な監禁状態の中で死ぬだろうと思ってムッソリーニが彼を中世風の牢に投獄してからでさえも、彼は光や希望、思いやりにあふれた手紙や論文を書き続けた。外的な要因のすべてがグラムシの人生をゆがめるために重なり合った。彼が遺産として残した知的で感情的な調和の達成は、すべて彼一人で成し遂げたことなのである。

もう一つの例は、今度は私自身の研究からだが、ライナス・ポーリングの人生に関わっている。彼は二〇世紀の初めに、オレゴン州ポートランドに生まれた。父親はライナスが九歳の時に亡くなり、家族は貧乏になった。彼は幅広くなんでも読み、鉱物や植物、昆虫を収集したけれども、自分が高校卒業後に進学するとは思っていなかった。幸運にも、彼の友人の両親がほとんど無理強いして彼をカレッジに行かせた。そして彼はカリフォルニア工科大学へ入学するための奨学金を受け、研究に携わり、一九五四年にノーベル化学賞を受賞し、一九六二年にはノーベル平和賞を受賞した。彼はカレッジ生活を次のように述べている。

私はカレッジの雑用や、亜ヒ酸ナトリウム溶液が入っているバケツに棒を浸し、その棒を突き刺して芝生に生えているタンポポを枯らすといった片手間仕事をして、ほんの少しお金を稼ぎました。毎日、多分、三二立方フィートくらいの量の、すでにのこぎりで引かれている木を、女子寮の薪ストーブに入る大きさに切りました。週に二回、四分の一頭の牛をステーキかローストビーフ用に切り分けました。そして毎日、大きな、とても広いキッチンエリアにモップをかけました。二年生の終わりに、南オレゴンの山にアスファルトの舗装をするという、舗装技師としての仕事を得ました。

ライナス・ポーリングの驚くべきところは、九〇歳になってもなお幼い子どもの熱意と好奇心を保っていることである。彼がしたことや言ったことのすべてはエネルギーにあふれている。初期の逆境と後の困難にもかかわらず、彼は明白な生きる喜びにあふれている。そしてどうやってそうなったかについては、秘密などない。つまり、彼自身の言葉によれば、「したいことをしながら前へ進んだだけです」ということなのである。

このような態度を無責任だと思う人もいるだろう。どうやったら、したいことだけをするという気ままな余裕をもつことができるだろうか。しかし、重要なのはポーリングが――彼の態度を共有するほかの大勢の人も――どんなに難しかろうがつまらなかろうが、強制されたことも含めて、ほとんどどんなことも、するのが好きだということである。はっきりと嫌う唯一のことは、時間の浪費である。そのため、彼らの人生が客観的にわれわれの人生よりもよいのではなく、彼らのすることのほとんどが彼らにフロー体験を提供することになる、人生に対する彼らの熱意がそういうものなのである。

近頃、人がどのようにして幸せな、または悲しい気質をもって生まれてくるか、そしてそれを変えるためにできることはそんなにないということについて、たくさん書かれている。もし幸せな人に偶然生まれついたら、どんなに不幸に見舞われても、幸せな人でいるのだろう。もしそうでなければ、幸運が訪れてもちょっとの間気分が持ち上げられるだけで、すぐになまぬるい、遺伝子によって運命づけられた平均的な不機嫌な状態に戻るだろう。もしこれがほんとうなら、人生の質を変えようとすることは望みがないかもしれない。しかし、幸福とよく間違えられる豊かな外向性が関係する場合にのみ、この決定論的なシナリオは正しい。それは実際、人の個性のはっきりと安定した特徴であるように思われる。しかしながら、幸福という言葉で、フローが提供する人生のより理解しがたい楽しみを意味するならば、これは別の話である。

たとえば、大変優れた長期にわたるティーンエイジャーのESM研究において、ジョエル・ヘクトナーは、二年を空けて計測された各一週間の間に、約六〇パーセントの青少年が同じ頻度のフローを報告したことに気づいた。つまり、一回目の調査でフローをたくさん体験していた人は二回目の調査でも依然としてそうであり、一回目の調査で少なかった人は二回目の調査でもそうだった。

しかし残りの四〇パーセントは変化した。半分の人は顕著により多くのフロー（高いチャレンジ、高いスキルの体験として計測される）を報告し、半分の人は減った。フローの頻度が二年後に増大した人たちは、勉強により多くの時間を費やし、受身的レジャーに費やす時間は減っていた。そして彼らの集中、自尊感情、楽しみ、興味関心のレベルは、フローの頻度が減少したティーンエイジャーよりも、顕著に高かった。二年前には二つのグループは同じ体験の質を報告していたのだけれども。フローが増大したティーンエイジャーが、減少したティーンエイジャーよりも「以前より幸福だ」とは報告しなかったことは、注意すべき重要な点である。しかし、体験のほかの面において大きな違いがあるので、フローの低いグループが報告した幸福は、より浅薄であまり信用できないものであるということを含みおいた方が安全である。これは、心理的エネルギーをよりフローを生み出しやすそうな活動に注ぐことによって人生の質を改善することは、ほんとうに可能であるということを示している。

われわれのほとんどにとって、仕事は人生のまさに中心を占めるので、この活動ができるだけ楽しくやりがいのあるものであることが必要不可欠である。しかし多くの人は、適正な賃金といくらかの安定を得るかぎり、仕事がどんなに退屈でも疎外されていても大したことではないと感じている。しかしながらそのような態度は、結果的に、活動している時間のほぼ四〇パーセントを捨てることになる。そして確実に楽しく仕事ができるようにしてやろうとする人はほかに誰もいないので、当然、各自がこの責任をもつことになる。

一般的に、仕事が不愉快なのには三つの主な理由がある。第一に、仕事は無意味である。誰にとってもよいことをしないし、実際は有害かもしれない。公務員やプレッシャーの強いセールスマン、兵器やタバコ産業の分野で働いている科学者の中には、生計のためにしていることに耐えるために、強い自制をしていなければならない人がいる。第二の理由は、仕事は退屈で月並みだということである。仕事には多様性もチャレンジもない。数年後には寝ながらでもできるだろうし、それがもたらすのは成長というより停滞の感覚である。仕事に関する第三の問題は、ストレスが多いことがよくあるということである。とくに期待しすぎるか貢献を認めてくれない管理職や、同僚とうまくやれない時にはそうである。一般的な意見とは対照的に、仕事に満足できるかどうかを決めることにおいて、より多くの金銭と生活の安定への関心は、ふつう、これら三点ほど重要ではない。

認めたくないとしても、ほとんどの障害を克服する能力はわれわれの手の中にある。もし仕事がやりがいがなく、退屈で、ストレスが多いとしても、家族や社会、歴史を責めることはできない。おそらく唯一の選択肢は、厳しい経済的困難という代償を支払ってでも、できるだけ早くやめることである。人生の重要な点に関して、物質的に快適になるかもしれないが感情的にみじめになることをするより、気分よく感じることをすることは、常によりよい取引である。このような決定は周知のごとく難しいし、自分自身に非常に正直になる必要がある。アドルフ・アイヒマンとナチの強制収容所に関してハンナ・アーレント〔ドイツから亡命した哲学者〕が示したように、何千もの冷酷な殺人の責任さえ、弁解でごまかすことはたやすい。「私はここで働いているだけだ」と。

仕事をやりがいのあるものにするために最大のことをした多くの人、他人の人生に違いを生むことに一生を捧げるために「ふつうの」存在を捨てた人々について、心理学者アン・コルビーとウィリアム・デイモンは描写した。そのような人の一人はスージー・ヴァルデスで、西海岸にいた彼女は低賃金の退屈なサービス業からほかの仕事へ、もっとよくなるという見通しもないまま移っていた。その後メキシコを訪れた時、シウダー・フアレス〔治安の悪化しているメキシコの都市〕の郊外で、彼女はゴミの山を見た。そしてそこでは何百人ものホームレスの子どもがゴミをあさって生きていた。ここでは人々が彼女自身よりも自暴自棄であることにスージーは気づいた。そして、自分には子どもたちによりよい生き方を示す力があることを発見した。彼女はがらくたの間に救護施設を建て、学校と病院を始め、「ゴミ山の女王」として知られるようになったのである。

このようなドラマチックな転換まではせずとも、人生に価値を加えることによって仕事をもっとやりがいのあることにする方法は非常にたくさんある。客に誠実な注意を向けるスーパーマーケットの店員、特異な症状だけでなく患者の全体的な幸福に関心をもつ医師、原稿を書く時にセンセーショナルな興味と少なくとも同じくらい真実を重視するニュースリポーターは、はかない達成しかない月並みな仕事を、違いを生むものに変えることができる。専門化が増すに従って、ほとんどの職業的な活動は反復的で一次元的なものになってしまった。することのすべてがスーパーマーケットの通路に品物を並べることや朝から晩まで書類を埋めることだったなら、ポジティブな自己概念を打ち立てることは難しい。活動の文脈全体を考慮することによって、また自分の行動の全体に対する影響を理解することによって、取るに足らない仕事が、世界を以前よりもよい状態にするすばらしい活動に変わりうる。

ほかの人と同じように私も、自分の仕事に加えて周囲のエントロピーを減らす手助けをしていたワーカーたちとの出会いの長いリストをつくることができる。笑顔でワイパーを修理してくれて、そんなささいな努力の対価は受け取らないと断ったサービスステーションの店員、家を売った後、何年も手助けを続けてくれた不動産のセールスマン、なくした財布を見つけるためにほかの乗務員が空港から帰った後も進んで残ってくれた客室乗務員……このようなケースでは、ワーカーが喜んで特別の心理的エネルギーを仕事に注いだので、仕事の活動の価値が増大していた。そしてそのようにすることで、仕事から上乗せされた意味を引き出すことができるのである。しかし仕事から引き出す意味はただでは得られない。これらの例が示しているように、仕事内容が要求するものを超えて、考えたり気遣ったりしなければならないのである。これはさらに上乗せされた注意力を要求する。そしてそれは、何度も言ったように、われわれがもっている最も希少な資源なのである。

チャレンジや多様性に欠ける仕事を、新しいことや達成への欲求を満足させる仕事に変えることにも同じことがいえる。ここでもまた望んだ利益を獲得するためには、上乗せされた心理的エネルギーを費やす必要がある。いくらかの努力なしには、つまらない仕事はつまらないままだろう。基本的な解決策はまったく簡単である。まず仕事に伴う各ステップに細心の注意を払い、次のように問うのである。このステップは必要だろうか。誰がそれを必要とするのか。もしそれがほんとうに必要なら、もっとうまく、速く、効率的にできるだろうか。どんなステップを付け加えたら、自分の貢献はもっと価値のあるものになるだろうか。仕事への態度はふつう、節約するかできるだけすることを少なくしようとして多くの努力を費やすものだが、それは近視眼的な戦略である。もし同じだけの注意を、仕事でもっと多くのことをやり遂げる方法を見つけるために費やしたなら、もっと働くことを楽しめるだろう。そしておそらく、もっと仕事で成功することもできるだろう。

最も重要な発見も、科学者が日常的な過程に注意を払いながら、説明の必要な新しくてふつうでない何かに気づいた時に起こることがある。写真のネガが光のない所でさえ感光するきざしを示したことに気づいた時に、ヴィルヘルム・Ｃ・レントゲンは放射線を発見した。掃除をせずにかびが生えていたシャーレ上のバクテリアの培養組織が薄くなっているのに気づいた時、アレクサンダー・フレミングはペニシリンを発見した。それまで考えられていたように糖尿病患者はふつうの患者よりもインシュリンを吸収するのが速いのではなく、遅いのだと気づいてから、ロサリン・ヤローは放射線免疫測定法の技術を発見した。これらのすべてのケースでは、状況に必要と思われるよりも多くの注意を払う人がいたために、平凡な出来事が生活のあり方を変える主要な発見に変わっている。もしもアルキメデスが、風呂に入って「ちぇっ、また床を濡らしてしまった。妻が何と言うだろう」とだけ思ったとしたら、流動体が置き換わる原理〔アルキメデスの原理〕を理解するために、人類はまだ数百年待たなければならなかったかもしれない。ヤローが彼女自身の体験を述べたように、「何かがやってきて、それからそれが起こったことを認識する」のである。単純に聞こえるが、ほとんどの人はふつう、何かが起こった時、認識するには気が散りすぎている。

微細な変化が偉大な発見という結果になりうるので、非常に小さな調整が、人が恐れる月並みな仕事を、毎朝期待して楽しみにする専門的な活動に変えうる。第一に、何が、なぜ起こっているかを完全に理解するために、注意を払わなければならない。第二に、起こっていることが仕事をする唯一のやり方だと消極的に受け入れないことが必要不可欠である。それから、よりよいやり方が見つかるまで、それらに伴う選択肢と体験を楽しむことが必要である。ワーカーがよりやりがいのある地位に昇進する時、それはふつう、それまでの仕事でこれらのステップに従ったからである。しかし、もしほかの誰も気づいてくれなくても、この方法で心理的エネルギーを使うワーカーは、より満足のいく仕事ができるだろう。

私が見た中で最も明瞭な例は、オーディオ装置が生産ラインで組み立てられている工場での調査をした時のものである。ラインにいるワーカーのほとんどは退屈し、自分たちにふさわしくないものとして仕事を軽蔑していた。その時私はリコに出会った。彼は自分がしていることにまったく違った態度で取り組んでいた。彼は実際に、自分の仕事は難しく、非常なスキルが必要だと考えていた。彼が正しいことがわかった。彼はほかの皆と同じ種類の退屈な仕事をしなければならなかったのだが、彼はそれを名人の迅速さと優雅さでもってできるように訓練したのである。一日に約四〇〇回、彼の持ち場にビデオカメラが止まった。その時リコはサウンドシステムが設計明細書に合っているかどうかをチェックするのに四三秒かかった。数年にわたって、彼は道具と動きのパターンを実験して、カメラをチェックするのにかかる平均時間を二八秒に短縮することができた。彼はこの達成を、オリンピックで準備に同じ年数をかけて四〇〇メートル走で四四秒を切ったのと同じくらい誇りに思っていた。リコはその記録でメダルを得ることはなかったし、ラインは依然として前のままのスピードで動いていたので、仕事をする時間を減らしたからといって生産が向上したわけでもなかった。しかし彼はスキルを十分に使うことの浮き浮きした気分を愛していた。「それはほかの何よりもいいんだ――テレビを見るより断然いいね」。そして彼は現在の仕事で自分の限界に近づいていると感じたので、電子工学の分野で自分に新しい選択肢を開くことになる学位のための夕方のコースを取っていた。

ストレスはフローを達成するのに有害なので、同じタイプのアプローチが仕事でのストレスの問題を解決するために必要であるということは、思いがけないことではないだろう。一般的な使われ方では、「ストレス」という言葉はわれわれが感じる緊張と、その外的な原因の両方に用いられる。このあいまいさは、外的なストレスが結果的に精神的不快さになるのは避けがたいという誤った仮定に導く。しかしここでまた、客観と主観の間に一対一の関係はないのである。つまり外的なストレス（混乱を避けるために「重圧」と呼ぼう）は、ネガティブな体験になる必要はない。スキルを大幅に上回る状況でチャレンジを受け取った時、人が不安を感じ、なんとかして不安を避けようとするのはほんとうである。しかしチャレンジとスキルの認識は、変化しやすい主観的な評価に基づく。

仕事では、人生そのものにあるのと同じくらいたくさんの重圧の源がある。つまり、想定外の危機、高い期待、あらゆる種類の解決できない問題である。どうやったら、それらがストレスにならないようにしておけるだろうか。第一歩は、意識にどっと浮かんでくる要求に優先事項を設けることである。より責任をもっていたら、何がほんとうに重要で何がそうでもないのかを知ることが、より必要になる。成功している人々はよく、しなければならないことすべてのリストやフローチャートをつくる。そしてどの仕事が人に任せられるか、忘れてよいか、個人的に取り組まなければならないか、また、どの順番でするべきかを素早く決断する。時々この活動は個人的習慣の形を取る。そしてすべての個人的習慣と同じように、ものごとがコントロール下にあると安心させるものとして、ある程度利用できる。シティコープ〔銀行〕のCEOジョン・リードは毎朝、優先事項を設定するのに時間を使う。「私はすごいリスト魔です」と彼は言う。「常に、するべきことのリストを二〇個もっています。もし五分あったら、座って心配するべきことのリストをつくります……」。しかしそこまで規律正しくする必要はない。記憶や体験を信頼する人もいれば、直観的に選択する人もいる。重要なのはなんらかの種類の秩序を生み出すために個人的戦略を発展させることである。優先事項を設定した後、リストにある一番簡単な仕事に最初に向き合って、より難しい仕事のためにデスクを片づける人もいるだろう。一方、困難な問題に取り組んだ後ならほかの問題はより簡単にできると思って、逆の順番で進む人もいるだろう。どちらも有効に作用するが、それは別の人にとってである。重要なのは各自が自分に一番合うものを見つけることである。

意識にどっと浮かんでくるさまざまな要求の間に秩序を創造できることは、ストレスを防ぐことに効果があるだろう。次のステップは、スキルを関係のあるどんなチャレンジにも釣り合わせることである。うまくやる力がないと感じる仕事もあるものである——それはほかの人に任せられるだろうか。自分は要求されたスキルを学ぶのが間に合うだろうか。助けを得られるだろうか。仕事は形を変えるか、もっと簡単な部分に分けられないだろうか。ふつう、これらの疑問の一つへの答えは、潜在的にストレスのある状況をフロー体験に変える解決策を与える。しかし、もし人が近づいてくる車のヘッドライトにおびえて凍りつくウサギのように、受身的に重圧に応じるなら、先の疑問が一つもわいてこないだろう。人は仕事に秩序をもたせることに、仕事を完全にするために何が要求されているかを分析することに、解決策の戦略に、注意を注がなければならない。コントロールを訓練することによってのみ、ストレスは避けられうる。重圧に対処するために必要とされる心理的エネルギーをすべての人がもっていても、それを効果的に使えるようになる人はほとんどいない。

創造的な人々のキャリアは、どうやったら仕事をその人独自の要求に適応させられるかということの一番よい例を与えてくれる。ほとんどの創造的な人は、彼らのために提示されたキャリアに従わず、進むままに仕事を発明する。芸術家は独自の画法を発明し、作曲家は独自の音楽スタイルを発明する。創造的な科学者は科学の新しい分野を発展させ、後継者がその中でキャリアをもつことを可能にする。レントゲン以前には放射線学はなく、その分野を開拓したヤローと同僚以前には核医学はなかった。ヘンリー・フォードのような企業家が最初の製造ラインを建てる以前は、自動車製造ワーカーはいなかった。明らかに、仕事の新しいラインを一から始められる人はほとんどいない。つまり、われわれのほとんどは型にはまった仕事の手順に従うだろう。しかし最もありきたりな仕事をする時でも、創造的な人々が自分たちのすることに注ぐある種の変革のエネルギーから、ヒントを得ることがある。

ジョージ・クラインはストックホルムにあるカロリンスカ研究所の有名な研究部門を率いる腫瘍生物学者で、そのような人々がどのように仕事に向かうのかを上手に表現してくれた。クラインは途方もなく自分のしていることが好きだが、彼の仕事には大嫌いな面が二つある。一つは空港のターミナルで待つことで、国際的な会合の非常に多忙なスケジュールのせいで、よくそうしなければならないのである。もう一つのひどく嫌っている面は、彼の研究チームのために資金を提供してくれる政府機関に、どうしても補助金の申込みを書かなければならないことである。これら二つの退屈な仕事は、彼の心理的エネルギーを激減させ、仕事に対する不満足を増幅する。しかしそれらは避けられない。その時クラインにインスピレーションがひらめいた。これら二つの仕事を組み合わせたらどうだろう。もし飛行機を待っている間に補助金の申込みを書けたら、以前に退屈な仕事にとられていた時間の半分を節約できるだろう。この戦略を実行するために、見つけた中で一番よい小型テープレコーダーを買い、飛行機を待ったり、空港の客の列に並んでのろのろ進んだりしている間に補助金の申込みを口述し始めた。こういった彼の仕事は依然として客観的には以前と同じものだが、コントロールできるようになったので、クラインはそれらをほとんどゲームに変えてしまった。今では待っている間にできるだけ口述することがチャレンジとなり、退屈な仕事に時間を浪費していると感じる代わりに、元気づけられている。

飛行機に乗るたびに、何十人もの人々がパソコンを操作したり、並んだ数字を加算したり、読んでいる技術関係の記事に印をつけたりしているのを目にする。これは、クラインのように、彼らも旅と仕事を組み合わせることによって元気づけられていることを意味するのだろうか。それは、彼らが強制されてそうしているか、時間の節約または能率を得るためにこの戦略を採用したかによる。前者では、飛行機の中でも働くのはおそらくフローを生み出すというよりストレスだろう。もしそれが、しなければならないと感じるものだったら、眼下に広がる雲を眺めたり、雑誌を読んだり、ほかの乗客とおしゃべりしたりする方が、おそらくよいだろう。

仕事のほかに、生活の質に影響を与えるほかの主な領域は、人間関係の種類である。そしてこれら二つの間にはしばしば対立がある。そのため仕事が大好きな人は家族や友人を無視するかもしれず、逆もまたしかりである。発明家ジェイコブ・ラビナウは、彼の妻がどんなに頻繁に無視されたと感じているかを述べる中で、仕事に専念するすべての人が言いそうなことをそのまま言った。

仕事をしているとアイデアに夢中になってしまうので、われを忘れてしまって、まったく一人きりになってしまうんです。誰の言うことも聞いてはいません。……誰にも注意を払っていないんです。そしてふらふらと皆から離れていきます。……もし私が発明家でなく、ありきたりの仕事をしていたとしたら、もっと家で時間を過ごし、家族にもっと注意を払ったかもしれません。……そういうわけで、仕事が嫌いな人は多分、家の方が好きなのでしょう。

この寸評にはほんの少しの真実がある。その理由は単純である。注意力は限られた資源なので、一つの目標が心理的エネルギーのすべてを取り上げてしまうと、後には全然残されていないのである。

とはいえ、これら二つの次元のどちらかを無視すると、幸福になるのは難しい。仕事と結婚している人の多くがこれに気づいていて、配偶者を理解することを選ぶか、注意力の配分に慎重になるかのどちらかで埋め合わせる方法を見つける。ライナス・ポーリングはこの問題について非常にオープンだった。「私は幸運でした。私の妻は、生活における彼女の義務、生活における彼女の喜びは家族——夫と子どもたち——からくるものだと感じていたと、私は信じています。また、彼女が一番貢献できた方法は、私が家事に巻き込まれて問題に悩まされないように心掛けたことだろうと信じていますし、彼女がこれらすべての問題を、私が自分のすべての時間を仕事につぎ込んだような方法で解決してきたと思っています」。しかしこの点でポーリングと同じくらい幸運だと自称できる人は、わずかしか——とくに女性では——いない。

もっと現実的な意見は、仕事から得るやりがいと人間関係から得るやりがいの、意義のバランスをとる方法を見つけることである。ほとんどすべての人が、家族は人生の最も重要な関心事だと主張している事実があるにもかかわらず、これが真実であるかのように行動する人は少ない——とくに男性では。ほんとうのところ、結婚している男性のほとんどが、自分の生活は家族に捧げていると確信していて、物質的な観点からはこれは真実かもしれない。しかし家族をうまくいかせるには、冷蔵庫の中の食べ物とガレージの二台の車以上のものが必要である。人の集まりが一つになるのは、二種類のエネルギーによってである。つまり、食べ物や暖かさ、身体的な世話、金銭によって供給される物質的エネルギーと、互いの目標に注意力を投資している人々の心理的エネルギーである。もし両親と子どもたちがアイデア、感情、活動、思い出、夢を共有していなければ、彼らの関係は物質的な欲望を満たすためだけに残ることになるだろう。精神的本質としては、最も原始的なレベルでのみ存在することになるだろう。

驚くほど、この点をわかろうとしない人が多い。最もよくある態度は、物質的に必要なものが与えられているかぎり、家族は放っておいてもなんとかなるというものだろう。つまり、家族は冷たく危険な世界の中で、温かく、調和的で恒久的な慰めであるだろうというのである。妻が突然出て行くか、子どもが深刻なトラブルに陥った時に呆然としてしまった四〇代後半か五〇代の出世した男性に出会うことはよくある。彼らは常に家族を愛していたのではないのだろうか。家族を幸福にするためにすべてのエネルギーを投資しなかったのだろうか。ほんとうのところ、彼らは毎日、決して二、三分以上は家族と会話しなかったが、さもなければどのようにして処理できただろうか、仕事からのすべての要求を……。

ふつう前提とされるのは、職業上の成功を達成するには、思考とエネルギーの大量の絶え間ない投資が必要だということである。対照的に、家族関係は「自然」なので、ほとんど精神的努力を要求しない。多かれ少なかれ、配偶者は支え続けてくれるだろうし、子どもたちは両親を気にかけ続けるだろう。なぜなら、それが家族のあるべき姿と思われているのだから。ビジネスマンは最も成功している会社でさえ、恒常的な注意力を必要としていることを知っている。なぜなら外的・内的状態は常に変化していて、それに適合させる必要があるからである。エントロピーが常に存在し、もし注意を怠れば、会社は解体してしまう。しかしビジネスマンの多くは、家族はどこか違うと決めてかかっている――エントロピーは家族に触れることはできず、家族は変化を免れていると。

家族が社会的統制という外側からの縛りや、宗教的・倫理的責任という内側からの縛りによって一つになっていた時には、このような信念にはいくらかの根拠があった。契約の義務は、関係を予想できるようにし、選択肢と絶え間ない交渉の必要を除外することによってエネルギーを節約する、という利点がある。結婚が永続的なものと思われていた時、維持するのに恒常的な努力は必要なかった。今では家族の完全な状態は個人的選択の問題となったので、規則正しい心理的エネルギーの注入を通してでなければ存在しえないのである。

新しい種類の家族は、もしも本質的なやりがいをメンバーに与えることができなければ、非常にもろい。家族の交流がフローを供給する時、皆が利己心から関係を続けたいと思う。しかし家族は非常に当たり前のものと思われているので、外からの義務のために縛りつけていた古い結びつきを、家族が与える楽しみのために保たれる新しい結びつきに変えるようになった人は少ない。親が仕事から疲れ果てて帰ってきた時、家族といることは努力が不要で、くつろいでいて、元気づける体験であってほしいと思う。しかし家族関係にフローを見つけることは、ほかの複雑な活動におけるのと同じだけのスキルを要求する。

カナダの作家ロバートソン・デイヴィスは、彼の五四年間の結婚がとても価値のあるものであり続けた理由をこう述べる。

私たちの結婚生活で、引用や冗談、参照の源として、シェイクスピアが驚くべき役割を果たしてくれたのです。そしてその深さは測り知れません。こんなにもすばらしい時間をともに過ごしてきたなんて、私はめったにない幸運な人間だと感じています。それは常に冒険であり、私たちはまだ終点に来てはいません。私たちは話すのをやめていません。私は請け合いますよ、結婚には、セックスよりも会話の方が重要なのだと。

デイヴィスと彼の妻にとって、共有のフローを可能にしたスキルは文学への共通した愛と知識だった。しかし、ほとんどどんなものでもシェイクスピアの代わりにできる。一緒にマラソンを始めることで、六〇代のカップルは関係を回復させた。旅行やガーデニング、犬を育てることを通してそうした人たちもいる。人が互いに注意を払う時、または一緒に同じ活動に取り組む時、家族を結びつけるフローの機会が増大する。

子育ては人生で最もやりがいのある体験の一つだと思われている。しかし、もしスポーツや芸術活動と同じくらいの注意力をもってとりかからなかったら、そうではなくなる。母性におけるフロー研究で、マリア・アリソンとマーガレット・カーライル・ダンカンは、子どもの成長に投資された心理的エネルギーがどれほど子育てに楽しみを生み出すかというといくつかの例を述べた。ここでは、ある母親がフローに達した時について述べている。

……娘と一緒に仕事をしている時、娘が何か新しいことを発見した時。娘がやり遂げた新しいクッキーのレシピ、それは娘が自分でつくったものなんです。娘がつくった、娘が誇りに思っている美術作品。読書は娘がほんとうに没頭することで、私たちは一緒に読みます。娘は私に読んでくれて、私は娘に読んであげます。それは、ちょっと世界のほかの部分との接触を失う時間です。私はしていることに完全に熱中しています。……

このような子育ての素朴な喜びを体験するために、子どもが何を「誇りに思って」、何に「没頭」

するのかを知ることに注意を払わなければならない。そしてこれらの活動を娘と共有するために一層注意を注がなければならない。参加者の目標の間に調和がある時、皆が心理的エネルギーを共有の目標に投資する時だけ、一緒にいることは楽しくなるのである。

ほかのどんなタイプの交流にも同じことが当てはまる。たとえば、正当に評価されていると考える理由がある時、仕事の満足度はふつう、高くなる。一方で職場での多大なストレスの源は、誰も自分の目標を支持することに興味をもっていないと感じることである。同僚との内輪もめ、上司や部下とコミュニケーションできないことは、ほとんどの仕事の悩みの種である。対人関係の衝突の根源は、過剰な自己への関心と、他人の要求に注意を払えないことである場合が多い。ほかの人の達成を手伝うことによって自分たち自身の関心を一番よく満たすことができると認識することを拒むせいで、どれほど人々が人間関係を崩壊させているかを見るのは悲しいことである。

アメリカの企業文化では、ヒーローは無慈悲で競争心旺盛な、巨大な自我をもった人である。残念ながら、企業家やCEOの中には、そのイメージにぴったりの人がいる。しかしまた、攻撃的で自分本位であることが成功への唯一の道ではないということを知ると安心できる。事実、ほとんどの安定してうまくいっている会社では、指導者は、すべての心理的エネルギーを自分の出世に投資するのではない部下を昇進させようとしている。しかしすべての心理的エネルギーを自分の出世に投資するような人のいくらかを、企業目標を向上させるために使っている。もしもトップの管理者が貪欲な利己主義者で占められてしまうと、会社は結局はそのために苦しむことになることを指導者は知っている。

私が出会ったキースは、昇進するために必死になって上司に印象づけようとして一〇年かそれ以上を費やしてきた多くのマネージャーの中の一例である。彼は必要ないとわかっている時でも一週間に七〇時間以上働き、家族とその過程での彼自身の成長を無視していた。競争での優勢を増すために、たとえ同僚や部下をおとしめることになろうとも、キースは業績を一人占めにした。しかしすべての努力にもかかわらず、彼は、重要な昇進の候補から外され続けた。ついにキースは、経歴の上限に達したことにして、やりがいをどこかほかに見つけることに決めた。彼は家族ともっと長く一緒に過ごし、趣味をもち、コミュニティ活動に参加した。彼はもはやそれほどもがき苦しんでいなかったので、仕事での行動はよりくつろぎ、より利己的でなくなり、より客観的になった。事実、彼はより、個人的課題よりも会社の幸福を優先するリーダーとして振る舞うようになった。ここで、ゼネラルマネージャーはついに心を動かされた。これこそ長として必要な類の人間である。キースは野望を捨てて間もなく昇進した。彼のケースは決して珍しいものではない。リーダーの立場で信頼されることは、自分の目標と同じようにほかの人々の目標が前進するのを助けることなのである。

仕事上の気持ちのよい人間関係は重要であるが、生活の質は仕事の外でのほかの人々との無数の出会いにもかかっている。これは口で言うほど簡単ではない。ほかの人と話すために立ち止まるたびに、いくらかの心理的エネルギーが費やされ、退屈し、嘲笑され、食い物にされやすくなる。ほとんどの文化は社会的交流を容易にするための固有のパターンを発展させている。血縁関係が組織の主な原理であるグループでは、義理の妹と冗談を言うが、義理の母親とは決して話さないことが期待されるかもしれない。古代中国のような伝統的な階層社会では、挨拶や型にはまった会話の文句の複雑な形によって、何を言うべきか、どう言うべきかを考えることに時間を無駄にする必要なくコミュニケーションできることを保証した。アメリカ人は社会の変わりやすく民主主義的な性質に合う簡単な会話の型を完璧にした。その表面的な親切さは、しかしながら、アフリカの部族のものと同じくらいありふれたものである。人と話すことから何かを得るために、知識面でも感情面でも、人は何か新しいことを学ばなければならない。それは両方の参加者に会話に集中することを要求し、そしてそれは次に、一般にわれわれが投資したがらない心理的エネルギーを要求する。しかし会話による本物のフローは存在の最もすばらしい点の一つである。

よい会話を始めるための秘訣はほんとうに簡単である。第一のステップは、ほかの人の目標が何であるかを見つけることである。その時相手が何に興味をもっているか。何に参加しているか。相手が何をやり遂げたか、または何をやり遂げようとしているか。もしこのうちどれかが追求する価値があるように聞こえたなら、次のステップは相手が取り上げた話題に関して、自分自身の体験か専門的知識を利用することである――会話を乗っ取らないよう、一緒に発展させながら。よい会話はジャズの即興演奏のようで、そこでは従来の要素から始めて、それから、刺激的な新しい構成を創造する自然発生的なバリエーションが導入される。

もし仕事と人間関係からフローを得ることが可能なら、毎日の生活の質は改善するに違いない。しかしそこには種も仕掛けも、簡単な近道もない。完全に体験豊かな人生のためには総力的な参加が必要である。その人生には、すばらしい境地に達するための、探究されないままの機会や発展しないままの潜在能力は残っていないのである。これを可能にする自己の構成については、次章で述べよう。

第8章

自己目的的パーソナリティー

ほかの条件が同じなら、受身的レジャーを消費して過ごすより、複雑なフロー活動に満ちた生活を送る方が、ずっと生きるに値する。自分の経歴がもつ意味について、ある女性が次のように語っている。「ほかに何もしたくなくなるほど全身全霊、没頭して楽しんでいるという、そうした体験をすることなしにどうして生きていけるでしょう」。また、歴史家のC・ヴァン・ウッドワードは、アメリカ南部のダイナミクスを理解しようと試みた彼の作品について語る中で、次のように述べている。

重要だと思う何事かを達成すること。それは私の興味を惹き、満足の源となります。そうした意識、あるいは、モチベーションがなかったら、人生は倦怠につつまれ、無目的に思われるでしょう。そして、私はそんな人生を生きたいとは思いません。まったくひまで、いわば、するに値すると思われることがまったくない状態は、私にはむしろ絶望の淵へと放り込まれるような印象を受けます。

このような没入と熱中をもって人生と向き合うことができれば、われわれは自己目的的パーソナリティーに達したといえる。

「Autotelic」〔自己目的/内発的〕という言葉は、Auto（自己）とtelos（目的）という二つのギリシャ語からなる合成語である。自己目的的活動とは、それを体験すること自体が目的であるがゆえに、それ自体として行う活動である。たとえば、チェスを、ゲームそれ自体を楽しむためにするとすれば、そのゲームは自己目的的活動となるだろう。一方、そのゲームを金銭のため、あるいは世界ランキング獲得のために行うなら、同じゲームが、本質的にexotelic〔他目的的/外発的〕、つまり外にある目的によって動機づけられたものとなる。こうした考えをパーソナリティーに適用してみると、自己目的的パーソナリティーとは、外から与えられた目的を達成するためというよりは、それ自体のためにものごとを行う個人を意味する。

もちろん、誰しも完全に自己目的的ではありえない。というのは、義務感や必要性を感じず楽しめない時でさえ、われわれは皆、何事かをしなければならないからである。しかし、程度の差はあり、自分のしていることに、それ自体としてする価値があると一度も感じたことのない人もいれば、何事であれ、自分のしていることが本質的に重要で価値あるものと感じる人もいる。「自己目的的」という用語が当てはまるのは後者のような人々である。

自己目的的な人は、していることのほとんどがすでにやりがいがあることなので、物の所有、レジャー、癒し、権力や名声といったものをほとんど必要としない。こうした人々は、仕事や家庭生活において、人と交わり、食べ、そしてとくにすることもなく一人でいる時ですら、フローを体験している。そのため、彼らは外から与えられる報酬にほとんど依存しない。一方、自己目的的でない人々は、気だるく意味のない、日々の繰り返しからなる人生を続けていこうという気持ちを、こうした報酬によって保っている。自己目的的な人々は、外界からの脅威や報酬に簡単に振り回されることはないので、より自律的で独立している。同時に彼らは、現在の生活に全面的に没入しているので、彼らを取り巻くすべてのことがらに、より一層組み込まれている。

では、どのようにすれば、ある人が自己目的的であるかどうかを見極められるのだろうか。最善の方法は、人を長期にわたりさまざまな状況下で観察することである。ある種の心理学者が用いるような小「テスト」は必ずしも適切ではない。というのも、フローは非常に主観的な体験なので、テストへの回答をごまかすことが比較的たやすいからである。長々としたインタビューやアンケートが助けになることもあるかもしれない。しかし私は、より間接的な手法を使う方が好ましいと考える。理論的には、人は与えられた状況下でチャレンジ状況にあり、同時にスキルの高度な発揮が求められていることに気づいた時に、フロー状態となるはずである。したがって、人がどの程度自己目的的かを測る一つの方法は、経験抽出法を一週間使って記録をとり、高チャレンジで高スキルを必要とする状況に何回遭遇したかを測定することである。七〇パーセント以上の時間、こうした状況下にいたと報告する人がいる一方で、一〇パーセントもいなかったと報告する人もいることがわかる。前者は後者よりも自己目的的であると考えられる。

図4－1
自己目的的なティーンエイジャーがさまざまな活動に費やす時間の割合

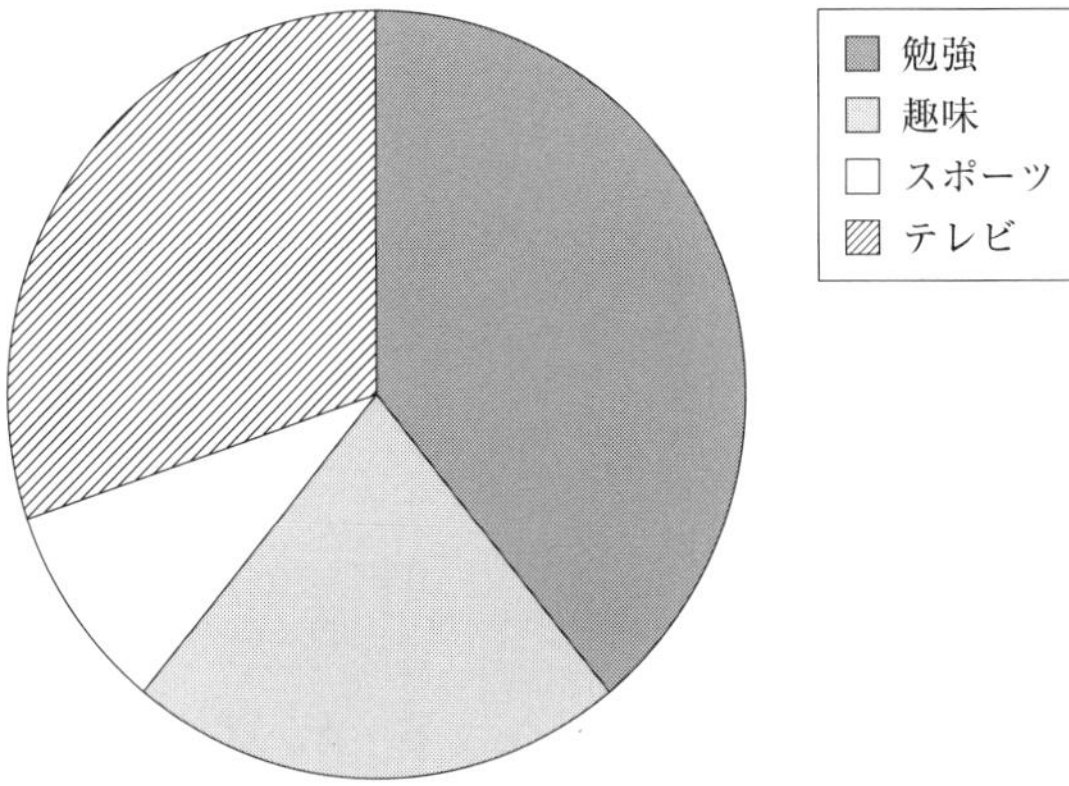

（出典：Adlai-Gail 1994より改変）

図4－2
自己目的的でないティーンエイジャーがさまざまな活動に費やす時間の割合

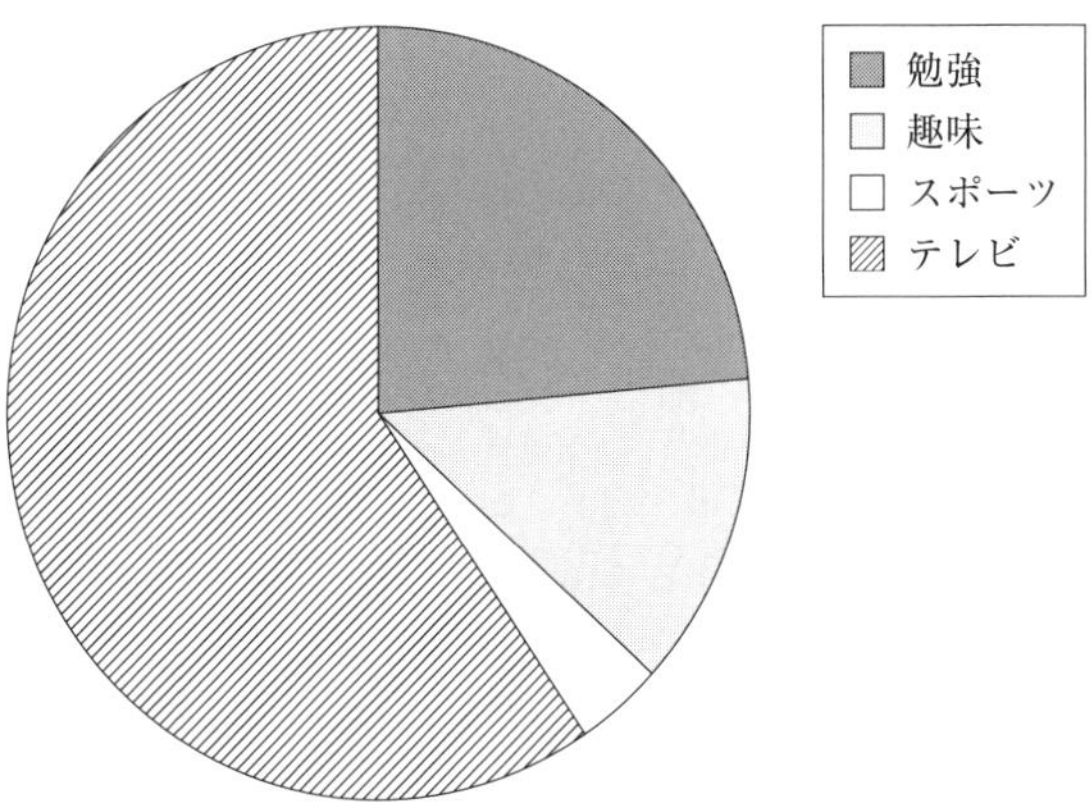

（出典：Adlai-Gail 1994より改変）

この方法を使うことで、もっぱら自己目的的である人々と、めったにそうした状況を体験しない人々を分かつものが何であるかを検討することができる。たとえば、ある研究において、二〇〇人のきわめて才能あるティーンエイジャーを集め、二つのグループに分けてみた。一週間を通してのチャレンジもスキルも高いという回答の頻度が上位四分の一だった五〇人（「自己目的的」グループ）と、彼らの対照群として下位四分の一だった五〇人（「自己目的的でない」グループ）である。そして、次のような問いを立てた。この二つの青少年グループは、時間の使い方が異なっているのだろうか。最も顕著な相違は図4-1と4-2に見ることができる。自己目的的なティーンエイジャーは、起きている時間の平均一一パーセントを勉強に使っており、自己目的的でないグループのティーンエイジャーより五パーセント高い数字を示している。ここでの一パーセントは、ほぼ一時間に相当するので、自己目的的なグループは週のうち一一時間を勉強に費やしていたといえる。もう一つのグループは六時間である。

ほかに見られた相違は、趣味の時間である。前者のグループは後者に比べほぼ二倍（六パーセント対三・五パーセント）の時間を使っている。スポーツでも同様であった（一一・五パーセント対一パーセント）。逆の結果は、テレビ視聴時間である。自己目的的でない青少年は自己目的的な青少年に比べ二倍の頻度でテレビを見ている（一五・二パーセント対八・五パーセント）。きわめて類似した同様に重大な結果が、アメリカの青少年に対する最近の代表サンプル調査でも出ている。そこでは二〇二人の自己目的的なティーンエイジャーと二〇二人の自己目的的でないティーンエイジャーを比較している。自己目的的であるということが何を意味するかという点での明らかに重要な視点は、時間をどう使っているかである。受身的レジャーやエンターテインメントは、スキル向上の機会を多くは与えない。人がフローを体験するようになるのは、それをもたらすのにより適した活動、つまり、知的な仕事や積極的レジャーに没入することを通してである。

しかし、果たして自己目的的な若者たちの体験の質は、ほかの若者たちの体験よりも優れているのだろうか。定義からして彼らがよりチャレンジを多く要することをしていることは、ある程度、真実である。というのも、自己目的的であるということを、チャレンジを要する状況に頻繁に置かれることと定義したのだから。したがって、本質的な問いは、フローが生まれる状況に置かれることが実際に主観的体験を改善するかどうかということである。答えはイエスである。その結果は図5–1に表れている。図5–1は、アメリカの高校生を代表する二〇二人の自己目的的なティーンエイジャーと二〇二人の自己目的的でないティーンエイジャーの二つのグループの、勉強か有給の仕事をしている時の一週間の平均的反応を表したものである。その結果に見られるように、生産的活動に従事している時、第一のグループは、明らかにより集中し、より高い自尊感情をもち、しているることを将来の目的に向けたきわめて重要なものと見なす傾向が強い。しかしながら、二つのグループとも楽しみや幸福感の点では大きな相違は見られなかった。

図５－１

生産的活動に参加している時に202人の自己目的的青少年と202人の自己目的的でない青少年から経験抽出法で抽出した１週間にわたる体験の質

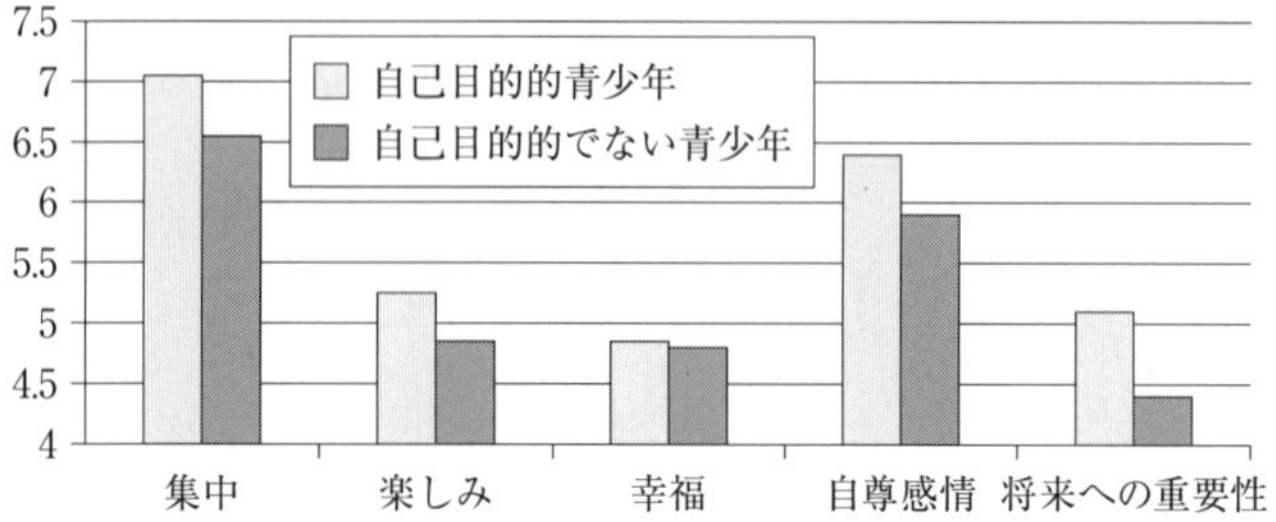

（出典：Hektner 1996より改変）

図５－２

積極的レジャーに参加している時に202人の自己目的的青少年と202人の自己目的的でない青少年から経験抽出法で抽出した１週間にわたる体験の質

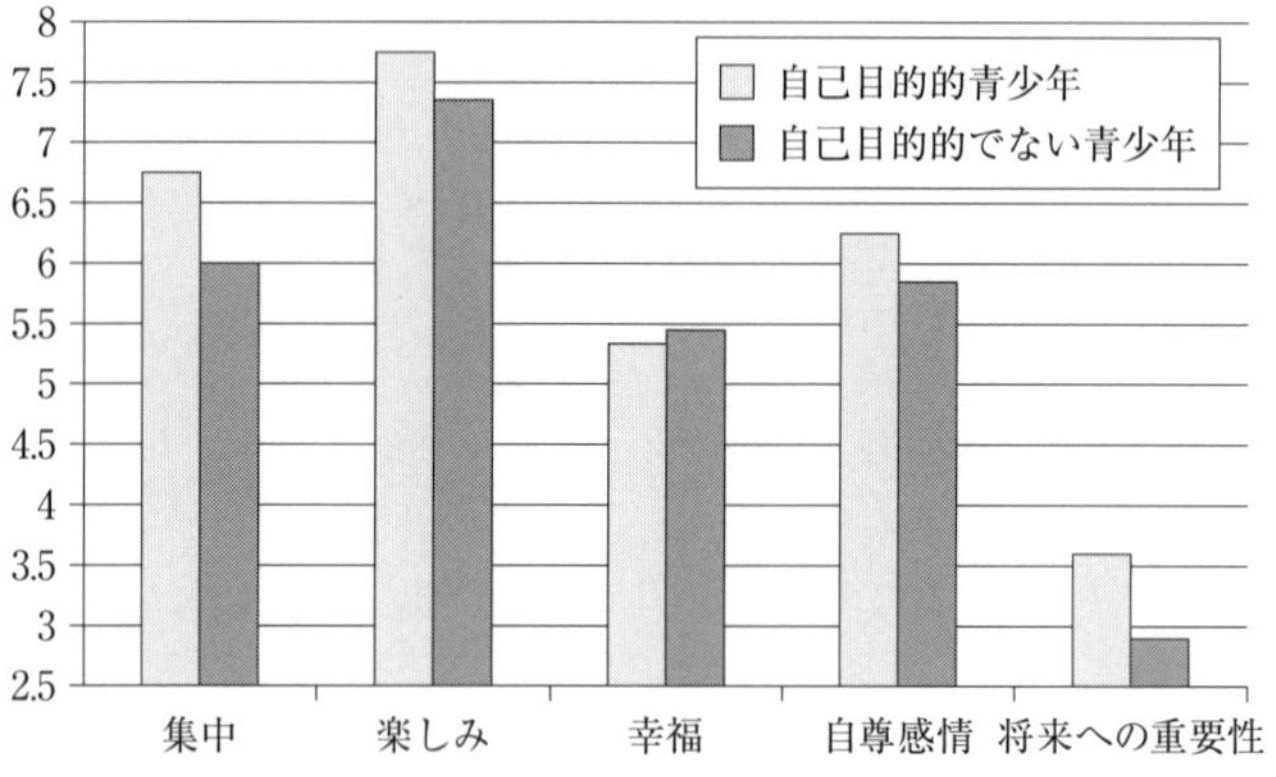

（出典：Hektner 1996; Bidwell et al. 1997より改変）

それでは、積極的レジャーの体験の質はどのようなものであろうか。図5–2が、パターンの違いを示している。まず、予想通り、ティーンエイジャーは皆、生産的活動をしている時よりもレジャーに関わっている時の方が、楽しみと幸福感でより高い反応を示している。しかしながら、その時彼らは、集中度は低く、自分がしていることは将来の目的に向けての重要性が低いと感じている。二つのグループの比較は、幸福感という点を除いて、すべて統計的に有意である。自己目的的な若者は、もう一方に比べて、集中力が高く、自ら楽しんでおり、自尊感情も高く、今しているることを将来の目標に関連していると見なしている。こうしたことのすべてが、この幸福感という一点を除いて、われわれが期待した通りであった。では、どうして彼らはあまり幸福感を感じていないのだろうか。

何十年にも及ぶＥＳＭを使った調査を通して、自己申告に基づく幸福感は、人の生活の質に関しては、あまりよい指標にはならないということがわかった。人は、自分の仕事が嫌いでも、家庭生活の実体がなくなっていても、意味のない活動にすべての時間を費やしていてさえも、自分が「幸せである」と言うこともある。われわれは耐え、立ち直る力のある生き物である。あらゆる条件が悲しむしかないと言っている時でさえ、悲しいと感じることを避けることができる。もし少しでも幸せであると言えないとしたら、人はどうして生きていられようか。自己目的的な人は、必ずしもほかの人より幸福だとは限らないが、より複雑な活動に関わり、その結果、自分自身についてより心地よく感じている。すばらしい生活を送るためには、幸福であるだけでは十分ではない。大切なことは、スキルを向上させ、潜在能力を育て充足させることを促すようなことをしている間、人は幸せであるということである。この点はとくに若年者に当てはまる。何もしないことが幸せだと感じるようなティーンエイジャーは、幸せな大人にはなりそうにない。

さらに興味深い発見は、自己目的的なグループは、ほかのグループに比べて、家族との交流にあてる時間がきわめて長いという点である。彼らは、週にほぼ四時間を費やしている。そこから、なぜ彼らが、何をしていようと楽しむことのできる術を知っているのかを説明することができる。家族は保護環境として機能するように思われる。子どもはそうした環境の中で、自意識過剰になったり、防衛的・競争的であるよう気を配ることなく、比較的安全な中でいろいろ試してみることができる。アメリカの子育てでは、早くからの自立を中心的な目標として強調してきた。青少年期の子どもたちは、肉体的にも精神的にも早く親元を離れれば離れるほど、より早くに成熟すると考えられた。しかし、早熟はそれほどよいことでもない。あまりに早く自活しなければならない場合、若者は不安感をもち、防衛的になってしまうだろう。実際、若者が居場所を見つけるべき大人の世界が複雑であればあるほど、未成年者にはそれに備えるために、より長い依存期間が必要なのだと主張することもできる。もちろん、この「社会的幼形成熟」〔身体的に子どものまま、内面が大人に成熟すること〕は、家族が比較的複雑な集団として、支援とともに刺激も与える場合にのみ機能する。機能不全の家族に子どもが依存したままでいることは子どものためによいことではないだろう。

自己目的的な個人に際立った特質があるとすると、それは彼らの心理的エネルギーが無尽蔵のように思える点である。ほかの人に比べて注意力の容量が大きいというわけではないのだが、彼らは周囲に起こることにほかの人以上に注意を払い、より多くのことに気づき、すぐに見返りを得ることを期待することなく、そのもの自体のために喜んでものごとに多くの注意を払おうとする。ほとんどの人は慎重に注意力を温存する。深刻な事態、問題になりそうなことにのみ注意を少しずつ振り向けるのである。われわれは、なんであれ自分の幸福を増すようなことにのみ注意を惹かれる。最も心理的エネルギーを投入するに値する対象は、自分自身であり、また、自分に物質的あるいは感情的利益をもたらしてくれるような人々やものごとである。その結果として、われわれは、このありのままの世界に参加したり、驚いたり、新しいことを学んだり、感情移入したり、あるいは、自負心が創り出した境界を超えて成長したりするために、必要な注意力を十分に残しておくことはないのである。

自己目的的な人々は、自分自身のことにあまり関心を払わない。そのため、人生を体験するためのより多くの自由な心理的エネルギーをもっている。われわれの研究において、ＥＳＭ調査で常に高チャレンジ、高スキルを報告したティーンエイジャーの一人にケリーという女の子がいた。彼女はほかのクラスメイトと違って、ボーイフレンドやショッピングモールでの買い物、学校の試験でいかによい点をとるかといったことを考えて時間を過ごすということはない。その代わり、神話学に熱中し、自分を「ケルト学者」と呼んでいる。彼女は週に三日、午後は博物館で働き、古器物の保管と分類を手伝っている。彼女は自分の仕事の中の最も月並みなものさえも楽しんでいる。「すべてのものを、それぞれの居心地のいい場所に置いてあげるんです」。自分の周りで起こることにも注意を怠らず、そこから学んでいると同時に、彼女は放課後、宗教や人生について語り合って友人関係も楽しんでいる。彼女が利他的であるとか、控え目な性格であるということではない。彼女の関心は、やはり自分のユニークな個性を表現することであるが、しかし、彼女は純粋に自分のしていることに、少なくともある程度はそのもの自体のために、関心があるようである。

創造的な個人は、創造的な上にさらに一般的に自己目的的である。そして、明らかに取るに足らない対象に、そのあふれる心理的エネルギーを注ぎ込んで、ブレイクスルーをもたらすことがある。神経心理学者のブレンダ・ミルナーは仕事に取り組む姿勢について次のように述べている。それは先端分野を切り開いているほかの科学者や芸術家と同じ態度である。「私は、何が重要で偉大かということに対して公平だといえます。というのも、どんな小さな発見も、ほんのささいなことですら、発見の瞬間は興奮させられるものだからです」。歴史家のナタリー・デイヴィスは、取り組むべき課題の抽出の仕方を説明して、次のように述べている。「そう、私はある問題にほんとうに興味がわいてしまうの。そして、とても深くピンでとめられてしまう……その時には心底、対象に興味を惹かれるの……。自分でも何を投資させられることになるのかわからない。自分の好奇心と楽しみ以外はね」。

発明家のフランク・オフナーは、ジェットエンジンと脳波計を完成させた後、八一歳で有毛細胞〔聴覚受容器〕に関する生理学の研究に興味をもつようになった。彼は、人生の神秘、それも一見最も取るに足らないようなことにさえ取り組んでいる自己目的的人物の謙虚さの完璧な例である。

私は問題を解決することが心底好きなんです。なぜ自動食器洗浄機が動かないのかとか、どうして自動車が故障したのかとか、神経はどのように機能しているのかとか、なんでもいいんです。今、私はピーターと有毛細胞がどのように機能しているのか研究しています。そして、……とても興味深い。……それがどのような問題であるかは私には問題ではないんです。問題を解決できること、それが楽しみなんです。実際、問題を解決することはとても楽しいことです。人生にこれほど興味深いことがほかにありますか？

この引用はまた、自己目的的な人の興味関心が、受身的でも瞑想的でもまったくないことを示唆している。彼らの興味関心は、理解への試み、この発明家の例でいえば、問題を解決することをも含んでいる。重要な点は、こうした興味関心が公平無私なものであるという点である。言葉を変えれば、自分の都合に益するものではまったくないということである。注意がある程度、個人的な目的や野心にとらわれない時にのみ、それ自身のありのままの形で現実を理解するチャンスを得ることができるといえる。

人によっては、この手のあふれ出る注意力を人生のとても早い段階で使いこなせるようになり、視野に入るものごとすべてについて、興味津々に考えをめぐらすようである。発明家のジェイコブ・ラビナウは、中国の片田舎の町で育ち、七歳の時に初めて自動車を見た。彼は、すぐさま車の下にもぐりこんで、どうやってエンジンがタイヤを動かしているかを確認し、すぐに家に帰って木材でトランスミッションと変換ギアを彫り上げたことを覚えているという。また、ライナス・ポーリングは、彼の幼年期を語っているが、それは創造的な人間の様子を物語る典型的な語り口である。

私は一一歳の時、まずは本を読むのが好きで、とにかくたくさんの本を読みました。……ちょうど九歳になる頃には……聖書とダーウィンの『種の起源』を読み終えていました。そして、一二歳で高校の古代史のコースをとりました。最初の年、教科書を読むのがとても楽しくて、その年の最初の数週間で教科書を読み切ってしまい、ほかに古代世界についてのよい教材はないかと探していました。一一歳の時には、昆虫を集め始めており、昆虫学の本を読み始めていました。一二歳の時には、鉱物を集めることに精力を注ぎました。いくつかのメノウを見つけましたが、それがウィラメット谷で私が見つけ、知りえたもののほぼすべてでした。しかし、私は鉱物学の本を読んで、何冊かの本から、鉱物の硬度、色、縞模様やほかの特性に関する特性表を書き写しました。そして一三歳の時、化学に興味をもちました。私は、化学者が特定の物質をまったく異なる特徴をもった別の物質に変えることができることを知って、とても興奮しました。……水素と酸素という気体は合成されて水になる。ナトリウムと塩素は塩化ナトリウムになる。結合して化合物を形成する元素からなる、まったく異なる物質。その時以来、化学をさらによく理解しようと多くの時間を費やしました。そして、こうしたことは世界の理解、つまり宇宙の原理を心底理解することを意味したのです。

注目すべき重要な点は、ポーリングが知的な聡明さで年長者を驚かすような天才児ではなかったという点である。彼は、評価されることもなく、またなんの助けもなしに、自分自身の興味関心を探求し続けたということである。彼の長く生産的な一生をスタートさせたものは、自分を取り巻く人生にできるかぎり完全に取り組もうという決心だった。シティズンズ・フォー・クリーン・エアのような環境保護団体を発足させることに人生を捧げたヘイゼル・ヘンダーソンは、こうした人々に共通する、興味関心を楽しむ態度について鮮明に語っている。

五歳の時でした。――ご存知のように、ちょうど物心つく頃ですが、周囲を見回して、言います。「わあ、なんて途方もない旅をしているのかしら！　一体全体何が起こるのかしら？　ここで私は何をするべきなのかしら？」。私は一生この問いをもち続けています。そして、そうすることが大好きなんです。こうした問いが毎日をとても新鮮にしてくれます。目を覚ますたびに、毎朝が創造の夜明けのようです。

しかし、誰もがポーリングやヘンダーソンのように、幸運にも、たくさんの自由な心理的エネルギーをもっているわけではない。ほとんどの人が、直面する生活の必要に対処するために、自分の注意力を温存する術を身につけていく。そして、世界の本質や、宇宙の中のわれわれの存在や、目先の目的に利することのないさまざまなものごとに興味をもつために、心理的エネルギーを残しておくようなことはしない。しかしながら、公平無私の興味関心なくして、人生は面白くもなんともない。そこには、不思議に思ったり、新奇なものを求めたり、驚いたり、またわれわれ自身の恐れや偏見によってつくられた限界を超え出て行くための余地がない。若いうちに好奇心や興味関心を育てそびれたとしたら、今すぐ手に入れた方がいい。質の高い人生を開拓することができなくなる前に。

人生の質を改善することは、おおむねきわめて簡単なことだが、実践することは難しい。しかし、取り組む価値は確かにある。その最初のステップは、する必要のあることはなんであれ、だらだらとするのではなく、注意の集中とスキルをもって行う習慣をつけることである。皿洗い、身支度、芝刈りといった最も日常的な仕事でさえ、芸術作品を創るかのような注意を払って取り組めば、よりやりがいのあるものとなる。次のステップは、日々の心理的エネルギーを、いやいやする仕事から、あるいは、受身的レジャーから、かつてしたことのない何か、あるいは、障害がありすぎるように思えて十分に取り組んでいないが、すれば楽しいことに、振り向けることである。この世には、見たり、取り組んだり、学んだりすれば、ほんとうは面白いことが数え切れないほどある。しかし、それらのことは、われわれが注意を向けるまでは現実に興味深いものとはならない。

多くの人が、このようなアドバイスは使えないと言うかもしれない。もてる時間の中ではすでにあまりに多くのすべきことを抱えており、新しいことや興味を惹くことに取り組む余地はまったくないからという理由である。時間が足りないというのが、今日最もよく聞かれる不平不満である。しかし、多かれ少なかれ、それは自分の人生をコントロールしていないことに対する言い訳にすぎない。われわれがしているどれくらいのことがほんとうに必要なことだろうか。われわれの注意を少しずつ浪費しているルーティン・ワークに優先順位をつけ、整理し、簡素化することに少し労力を割いたなら、どれほどのしなければならないことを減らすことができるだろう。確かに、もし時間が指の間を流れ落ちていくのをそのままにしておいたら、あっという間に時間はなくなってしまう。遠い将来に富や安全を手に入れるためではなく、今ここにある人生を楽しむために、注意深く時間を節約することを学ばなければならない。

われわれは、人生をそれ自体として楽しむために必要な興味関心と好奇心を育てるために、時間を見つけ出さなければならない。そして、時間と同じくらい重要なもう一つの資源は、心理的エネルギーをコントロールする能力である。注意を奪う外的な刺激やチャレンジが起こるのを待つのではなく、注意を多少なりとも意のままに集中させる術を学ばなければならない。この能力は、興味関心に関連している。それは相互的因果関係と相互的強化からなるループ状のフィードバックによってもたらされる。もし何かに興味があったらそれに集中し、もし何かに注意を集中させたら、おそらくそれに興味をもつのである。

面白いと思うことの多くは、初めから面白いのではなく、注意を注ぐ労を払ったから面白いと思えるのである。昆虫や鉱物は、集め始めなければ、さして魅力的なものではない。その生活と考えについて知るまで、ほとんどの人が魅力的でないのと同じように。マラソンを走ったり、山に登ったり、トランプのブリッジ・ゲームや、ラシーヌの演劇も、十分な注意を注いで、その複雑な構成を理解するまでは、むしろ退屈でしかない。誰しも現実のどのような側面にも焦点を当てることができるのだから、肉体的、精神的、感情的アクションをとるチャンスは、潜在的に無限に広がっており、その広がりは、その現実に取り組む自分たちのスキルにかかっている。退屈していることの正当な言い訳などありえない。

注意をコントロールすることは、体験をコントロールすること、したがって人生の質をコントロールすることである。情報は、関心を向けている時にのみ意識に上る。注意は、外界の出来事と体験の間のフィルターの役割を果たす。どの程度ストレスを感じるかは、実際に起こること自体よりも、注意をどの程度コントロールできるかにかかっている。肉体的苦痛、金銭的損失、社会的不遇といったものの影響は、払った注意の程度、つまり意識の中にどれくらい取り入れるかにかかっている。痛ましい出来事は、心理的エネルギーを注げば注ぐほど、現実味を増し、それだけ多くのエントロピーが意識にもたらされる。そうした出来事を、否定し、抑制し、ごまかしたとしても、なんの解決にもならない。そうした悲しい出来事の情報は、心の奥でくすぶり続け、情報が大きく広がらないように押しとどめている心理的エネルギーさえも枯れさせてしまうだろう。むしろ苦しみを直視し、その存在を理解し、尊重して、できるだけ早く、自分で集中することを選んだ事項に注意を向けて忙しくしてしまう方がよい。

失明や半身不随といった、病気や事故で重度の障害を負った人々の研究を通じて、ファウスト・マシミーニ教授とそのチームは次のような事実を発見した。つまり、彼らの中には、自分の身に起こった惨事を驚くほど受け入れ、障害のおかげでむしろ人生がよりよいものになったと言う人がいるのである。こうした人々の特徴は、心理的エネルギーをかつてないような形で訓練することで、自身の限界を超えることを決意していたという点である。彼らは、服を着る、自宅の周りを散歩する、車の運転をするといった最も単純なスキルからフローを引き出せるようになった。こうした最善を尽くした人々は、生活する上での基本的作業について折り合いをつけること以上のことを成し遂げた。ある人は水泳のインストラクターになり、ある人は会計士になり、また、チェスの国際大会に出かけたり、水泳競技に参加したり、あるいは、車椅子アーチェリーの優勝者になったりしている。

悲惨な状況を少なくともなんとか耐えうる状況に変えるという能力は、孤独な監禁を生き残ったテロの被害者や強制収容所の囚人にも見られる。外の「現実の」環境は、あまりに不毛で非人間的なために、そのような条件下ではほとんどの人が絶望させられる。そのような環境で生き残る人々は、外的環境を選択的に無視し、彼らだけの現実である内的生活に自身の注意を向け直すことができる。詩や数学、その他のシンボルの体系を知っていれば、そうしたことはたやすい。そうしたシンボルの体系は、目に見える物的支えなしに、注意を集中し、精神作業を行えるようにしてくれる。

こうした事例は、注意のコントロール方法を学ぶにあたって必要なことは何かを教えてくれる。基本的に、自分の意思で習得したスキルや規律はなんであれ有効に機能する。瞑想や祈りも、心を傾注していれば有効である。肉体的なスキルへの集中を好む人にとって、エクササイズ、エアロビクス、格闘技もそうである。楽しいと感じ、自分の知性を長期にわたり伸ばせるような、あらゆる専門化や熟練もそうである。しかし、大切なことは、こうした規律への取り組み姿勢である。神に近づくために祈ったり、胸筋を鍛えるためにトレーニングしたり、物知りになるために学んだり、といったことをすれば、そこから得られる利益の多くを失うことになる。重要なことは、活動それ自体を楽しむことである。さらに、肝心なのは結果ではなく、そうした活動を通じて得る自分自身の注意をコントロールする力だということを知ることが大切なのである。

通常、人の注意は、遺伝的教示、社会的慣例、子どもの時に学ぶ慣習によって方向づけられている。したがって、何に注意を向けるべきか、どの情報が意識に上るかを決定するのは、われわれではない。そのため、われわれの人生はいかなる意味においてもわれわれのものではない。われわれが体験するほとんどのことは、あらかじめプログラムされているのである。われわれは、何を見るべきで、何を見るべきでないかを学ぶ。覚えるべきことと忘れるべきこと、コウモリ、旗、あるいは異なる形式で神に祈る人を見た時に、どのように感じるべきかを学ぶ。そして、何がそのために生きあるいは死ぬに値するか、といったことを学ぶ。年を経るにつれ、われわれの体験は生物学や文化によって記された脚本に従うようになるだろう。自分の人生のオーナーシップを取り戻す唯一の方法は、自分の意図と一致するように心理的エネルギーを導く術を学ぶことである。

第9章

運　命　愛

好むと好まざるとにかかわらず、われわれの人生は世界に跡を残す。人の誕生は社会環境に広がる波紋を生み出す。そして両親、きょうだい、親戚、友人はその影響を受ける。成長するにつれてわれわれの行為は、無数の影響を社会に残す。意図的なものもあれば、大部分は無意識のうちに。消費者としてのわれわれの決定は、経済にごくわずかな変化をもたらすにすぎないが、政治的な決定は社会全体の未来にも影響をもたらす。それぞれの親切な、あるいはあさましい行為は、人類全体の幸福の質をわずかに変容させる。人生そのものが自己目的的な人々は、ふれあう人々の意識の中のエントロピーを減少させる。一方で、富の争奪や自己権力の拡大に心理的エネルギーのすべてを注ぐ人々は、エントロピーの総和を増やす。

自分自身よりも大きく永続性のあるものの一員であるという意識をもたずには、人はほんとうにすばらしい人生を送ることはできない。これまでの長い人類の歴史を通して、人生に意味を与えてきたさまざまな宗教に共通する一つの結論がこれである。現在、依然として科学とテクノロジーによってもたらされた大幅な進歩に興奮し、われわれはこの洞察を忘れかけるという危険を冒している。アメリカやほかの先進国社会では、個人主義と物質主義がほぼ完全に、コミュニティへの忠誠心や精神的価値にまさってしまった。

ベンジャミン・スポック博士の育児についてのアドバイスは、少なくとも二世代にわたる親たちに非常に強い影響を与えた。重要なのは、彼は晩年になって、子どもを束縛されない個人主義者にするために早くから訓練のストレスを与えることは、そんなによい考えではないかもしれないと疑念を呈していることである。彼が現在感じているのは、むしろ子どもたちにとって不可欠なことは、少なくとも共通善のために尽くすことを学び、宗教、芸術、そして言葉で表現できないような人生の側面の真価を理解することではないか、ということである。

事実、自己への関心が強くなりすぎていることを示す徴候が数多く見られる。一つの例は、人々が他者と関わる能力に欠けていることであり、その結果、先進国の都市人口の半数は生涯独身で、離婚率も非常に高い。もう一つの例は、以前には信頼していた団体や指導者であった個人に対して、さまざまな調査で人々が報告する幻滅感が増していることである。

われわれはますます、門を閉ざしたコミュニティに引きこもり、とげとげしい反応で防御しながら、悪いニュースを聞くまいと耳をふさいでいるように思われる。しかし、ソクラテスや近年の独裁制のもとで生きた人々も気づいたように、堕落した社会に無関心であり続けながら豊かな私生活を送ることはできないのである。自分自身のためだけに責任を負うのであれば、ことははるかに簡単だろう。残念ながらそのようにはことは運ばない。自分以外の人類や、自分たちがその一部をなす世界に対して、積極的に責任を負うことは、よい人生にとって必要な要素である。

しかし、真のチャレンジは自分の意識に存在するエントロピーを増大させることなく、自分を取り巻く環境のエントロピーを減少させることである。仏教には、これを可能にするためのよい知恵がある。それは、「常に、宇宙の未来は自分の行動にかかっているかのように振る舞う一方で、自分のあらゆる行動が違いをもたらすと考える自分自身を笑いなさい」というものである。この真剣な戯言、この気遣いと謙虚さの組み合わせこそが、没入と無頓着を同時に可能にするものである。このような態度をもってすれば、人は満足感を得るために勝つ必要はない。結果とは関係なく、世界の秩序を維持することそれ自体が報酬となる。したがって、正当な理由はあるが見込みのない努力をする時でさえ、喜びを見つけることができるのである。

この難局を乗り越えるための第一ステップは、自己についてのより明確な認識を得ることである。つまり、自分が何者であるかということについて、イメージを発展させるのである。自己なくして大きく進歩することはできない。自己イメージのマイナス面は、自己は、幼少時に現れるとすぐ、意識のほかの部分を支配し始めるようになるということである。われわれは自己によってアイデンティティを得て、自己は自分という存在の中心要素であると信じている。したがって、自己は、だんだん意識を構成する要素の中で最も重要なものになっていくばかりか、少なくともある人々にとっては、注意を払う価値のある唯一のもののように思われるのである。危険なのは、自分自身が創り出した実在しない存在の要求を満たすために、すべての心理的エネルギーを用いてしまうことである。生み出す自己が理性のある実在であれば、これはそれほど悪いことではないかもしれない。

しかし、虐待された子どもが絶望した、あるいは復讐に燃える自己イメージを形成しながら成長するかもしれない。愛されずに甘やかされた子どもたちは自己愛的な自己を形成するかもしれない。自己は成長して貪欲になるかもしれないし、さもなければ、誇大妄想で自己を非常に重要だと思うようになるかもしれない。このようにゆがんだ自己をもった人々は、決して要求を満足させられたという気にはならない。彼らがさらなる権力、金、愛、冒険が必要だと思ったら、長い目で見れば十分と思える量以上に、欲求を満たすためにあらゆることを行うだろう。その場合、誤った考え方をする自我にあやつられた人の心理的エネルギーは、意識の中だけでなく社会環境にもエントロピーを引き起こすだろう。

動物は自己の意識をもたないので、生物的欲求が満たされるまで努力するだろうが、それ以上は努力しない。動物は獲物を襲い自身の縄張りを守り、仲間のために戦いもするだろうが、このような必要不可欠なことがなされていれば休息するだろう。しかし、人が権力や富の基盤の上に自己イメージを発展させる場合、努力は際限なく続く。たとえこの過程で自分の健康を害し、途中で他人を破滅させなければならないとしても、自己の定めた目標を激しく追い求めるだろう。

そのようなわけで、多くの宗教が人間の不幸の原因として自我を非難してきたことは、さほど驚くことではない。過激な助言として、自我に欲望を左右させないことで自我の活力を奪う、というものがある。食べ物、セックス、そして人が満たそうとするあらゆる虚栄心をあきらめることによって、自身の欲求に注意を払うことをやめるならば、最終的に自我は何をなすべきかについての発言権を失い、しなびて死んでしまうだろう。しかしそれでも、完全に自我を取り除く方法はないので、自我は生き残っている。実行可能な唯一の選択肢はそれほど過激ではない方法に従うことである。それは自己をよく知り、その特性を理解することである。そうすることによって、ほんとうの意味で人生を進んでいくのを手助けしてくれる欲求と、そこから芽生えて人生をみじめにする有害な肥大した欲求とを区別することができる。

小説家リチャード・スターンが、仕事をしてきた中で最も克服が難しかった障害は何かと尋ねられた時、次のように答えた。

それは私自身のくだらない部分であり、虚栄心、自尊心、自分が正当に評価されていないという気持ち、他人との比較といったようなことでした。それを戒めるのにかなり苦労しました。幸いにも私はポジティブだったので、不快さや怒りといったものに対処することができました。そういうものが、同僚や、私より才能に恵まれた仲間を無力にするのを見てきました。私自身の中にあるのも感じました。それをはね返せるようにならなければならなかったのです。主な障害は自分自身であると言いたいですね。

われわれ一人ひとりにとって、よい人生への主な障害は自分自身である。しかし、自分自身とともに生きるようになれば、そしてユリシーズのように、欲求を誘うセイレーンの歌に抵抗する方法を見つければ、自己は友となり助力者となり、充実した人生を築くためのよりどころにもなりうる。作家として抑制のきかない自我をどのように飼い慣らして創造的な仕事をさせるのかについて、スターンは続けて述べている。

もちろん、私の中にあるもの……それは私も知っている悪だの、卑劣だの、意地の悪さだの、弱さだの、その他あれこれです。そこから強さを引き出すことができます……それらを小説に変換することができるのです。それらは強さの源泉です。そして、前述したように、作家はそれらを扱うのであり、それらは作家の素材なのです。

人は、自己の「くだらない部分」を人間の条件についての深い理解に変えるために芸術家になる必要はない。誰にでも野心や、強引なところさえ愛されたいという欲求を、我を忘れることなく、建設的な方法で働かせる機会がある。ひとたび悪魔の正体がわかってしまえば、もはや恐れる必要はない。悪魔を真面目に取り上げる代わりに、このような想像の果実の傲慢さに対して憐れみをもってほほえむことができる。こちらの条件に合わない時は、悪魔の貪欲な飢えを満たしてやる必要はない。そうすることが、価値あることを達成する助けになる場合以外は。

もちろんこれは、言うは易く行うは難しである。約三、〇〇〇年前に「汝自身を知れ」という賢明な助言を与えたデルフォイの神託以来、このようなことについて考えた人々は、よい人生を始めるには、まず自我を知り、その上で自我を使いこなせるようにならなければならないということで合意した。しかし自己認識の方向へはほとんど進展していない。最も声高に無私無欲の徳を称える人々が貪欲と野心に動機づけられていることがあまりにも多すぎる。

二〇世紀において、自己認識の研究はフロイト派の分析と最も強く結びついている。第一次世界大戦後から第二次世界大戦が始まる頃までに出現した急進的な批判によって、精神分析学はその洞察を控え目にした。いったん自己認識を達成したらそれをどうしなければならないかを伝えようとせずに、自己認識というものを提示したのである。精神分析学が提示した知識は深遠ではあったが、自我が典型的に陥る罠のいくつか――家族の三角関係とそれに続く性的抑圧にうまく対処しようとすることから生じる有害性について――を明らかにしたにすぎない。この洞察は今でも重要ではあるのだが、子ども時代の精神的外傷の悪魔を追い払うことによって、それ以後はずっと幸福に暮らせると信じる人々に間違った安心感を与える不幸な結果となった。自己というものは、悲しいかな、それ以上に狡猾で複雑なのである。

本質的に、心理療法は過去の体験を呼びさまし、熟練した精神分析家とそれを分かち合うことで成り立っている。この誘導的内省プロセスは大変有益であり、形の上ではデルフォイの神託の指示とそれほど変わらない。しかし、この治療法が一般的になり、自身の過去を内省し沈思することによって自身の問題が解けると人々が信じるようになると、問題が生じる。過去を見るレンズは、まさに解決しようとする問題のせいでゆがんでいるので、この治療法は通用しなくなるのである。内省から恩恵を受けるには、一流の療法士もしくは長期間の訓練を必要とする。

それ以上に、現在の自己愛的な社会が助長する内省の習慣は、実際のところ事態をさらに悪化させるだろう。ESM研究によれば、自分自身について考える時、気分はたいていネガティブである。習熟することなく内省を始めると、真っ先に意識に入る思いは憂うつなものになりがちである。だが一方でフロー状態にある時は、無気力、心配、退屈の状態にある自分を忘れ、自己はたいてい集中する状態にある。したがって、内省のスキルを習得していなければ、「問題を考える」という実践は、たいてい悪い状況すべてを軽減するどころか一層悪化させる。

ほとんどの人々はものごとがうまくいかない時、自分自身のことしか考えないので、現在の不安で過去を染め、過去のつらい記憶が現在をさらに暗いものにする悪循環に陥る。この悪循環を打破する一つの方法は、よかったと感じる理由のある時や、人生が上昇の傾向にある時を振り返るように、内省の習慣を発展させることである。しかし、直接的ではなくても、自己に調和をもたらしてくれる目標や人間関係に心理的エネルギーを注入する方がなおさらよい。複雑な相互交流の中でフロー体験をした後、フィードバックは具体的かつ客観的なので、試してみなくても自分自身についてよりよく感じるはずである。

フローを体験するには、明確な目標をもつことが有効である。ほんとうに重要な目標を達成するためというより、目標なしでは精神を集中させて注意散漫を回避するのが難しいからである。たとえば登山者が目標として頂上に到達することを決めるのは、そこに到達したいという深い願望があるからではなく、目標が、登るという体験を可能にしてくれるからである。頂上というものがなければ、登山は無意味なぶらぶら歩きになり、心が落ち着かず無気力になってしまうだろう。

多くの根拠があることだが、たとえフローを体験しなくとも、目標に一致することを何かするだけで、精神状態は改善する。たとえば、友人と過ごすことはふつう浮き浮きすることだが、その時、その友人とそうしたいと思っていたら、とくに浮き浮きした体験になる。しかし、働かなければならないと思っている時であれば、同じ友人と過ごす時間であってもそれほどよいものではなくなる。反対に、目標の一部であるとうまく考えることができたら、嫌いな仕事でさえ好きに思えてくる。

このような発見が示唆するのは、人生の質を高める簡単な方法は、自分の行動のオーナーシップを握ることだということである。われわれの行動の大部分（平均で三分の二以上）は、やらなければならないと思っていることか、または、ほかにやりたいことがないから行っているものかのいずれかである。多くの人々は、紐が引かれた時だけ動く操り人形のように感じながら一生を過ごしている。このような状況下では、われわれは心理的エネルギーを浪費していると感じがちである。そこで疑問となるのは、なぜより多くのことをしようと思わないかということである。欲するという気持ちそのものが注意を集中させ、意識の中で優先順位を確立し、精神的調和の感覚を生み出すのである。

人生には、しなければならないことやしたくないことがたくさんある。それは、会議に出席することかもしれないし、ゴミ出しをすることかもしれないし、請求書を整理することかもしれない。これらの中のいくつかは避けることができない。どんなに頭がよくても、やはりしなければならない。そこでの選択肢は、押しつけについて不満を言いながらいやいや仕事をするのか、さもなければ、喜んで行うかのいずれかである。どちらの場合もその活動を行うしかないのだが、喜んで行う場合、体験はよりポジティブな方向に向かう。人は最も見下すような作業であっても目標を設定することができる。たとえば、できるだけ早く効率よく芝生を刈ることがそれに当たる。目標設定の行為そのものが、いやな仕事から多くの苦痛をとり払ってくれるだろう。

このような選択に対する姿勢はニーチェ哲学の主要概念であるアモール・ファティ――運命愛――という概念でうまく表現されている。たとえば、充実した人生を送るためになすべきことについて議論する中で、ニーチェは次のように述べている。「人間の偉大さを言い表わすための私の定式は運命愛（アモール・ファティ）である。すなわち、何事によらず現にそれがあるのとは違ったふうなあり方であってほしいなどとは決して思わないこと、前に向っても、後ろに向かっても、永劫にわたって絶対に、……必然的なものを耐え忍ぶだけではなく、……そうではなくて、必然的なものを愛すること……」〔訳は『ニーチェ全集⒂この人を見よ』ちくま学芸文庫、川原栄峰訳、一九九四年による〕。「私は、いよいよもって、事物における必然的なものを美と見ることを学ぼうと思う……こうして私は、事物を美しくする者たちの一人となるであろう」〔訳は『ニーチェ全集⑻悦ばしき知識』ちくま学芸文庫、信太正三訳、一九九三年による〕。

アブラハム・マズローの研究も同様の結論に達した。創造的な芸術家や科学者も含めて、彼が自己実現していると見なす人々への臨床観察と面接調査に基づいて、マズローは成長の過程が至高体験の実現をもたらすと結論づけた。この体験は自己と環境の間の整合性を必要とする。そして彼は、これを「内的欲求」と「外的欲求」または「ありたい自分」と「あるべき自分」との間の調和と呼んだ。このような調和が起こる時、「人は自由に喜んでそして心から自己を決定するものを受け入れるのである。人は自分の運命を選択し欲するのである」。

心理学者のカール・ロジャーズもまた、大変よく似た観点をもっている。彼が十分に機能する人間と呼ぶ人について、次のように述べている。「そのような人は、内的刺激と外的刺激のすべてに関して、最も経済的な方向へ向かう行動コースに従うことを決意あるいは選択する。なぜならば、そのような行為こそが最も深い満足感を与えるだろうからである」。結論として続けて言うには

「十分に機能する人間は……完全に決定されたことを自然に、自由に、自発的に選び意志の力で行う時、完全な自由を体験するだけでなく、利用するのである」。したがって、ニーチェやマズローの主張と同様に、運命愛は、自発的であれ外から押しつけられたものであれ、進んで自身の行為のオーナーシップを握るということである。この受容こそが人間的成長を導き、日々の生活からエントロピーという負荷をとり去る晴れやかな楽しみの気持ちを与えてくれるのである。

自分のなすべきことを楽しむようになれば、人生の質は格段に向上する。この点において、ニーチェや先に挙げた人々の主張はきわめて正論である。しかし、過去を振り返って見ると、マズローやロジャーズがその優れた先導者であった「人間性心理学」の限界が見え始める。繁栄の気がみなぎり、平和がそこまでやってきていた二〇世紀半ばの輝かしい日々においては、個人的な充足はポジティブな結果のみをもたらすという前提が意味をなした。その頃は、自己の充足の方法について不愉快な比較を行う必要がなかったし、自分の目標設定について他人よりも優れているかどうか自問する必要もなかった。問題となるのは自分のことだけだった。楽観的でぼんやりとした精神状態は、人間のもつ感受性を鈍らせた。そしてわれわれは、唯一の悪は自分の潜在能力を十分に発揮しないことだと、自らそう信じるようになった。

問題なのは、人々が自分自身だけでなく他人にとっても破壊的なことを好むようになることである。破壊行為や強盗で逮捕されたティーンエイジャーは、自動車を盗んだり家に押し入ったりしている時の興奮以外にどんなモチベーションもないことがしばしばであった。退役軍人は、前線でマシンガンを構えていた時ほど強烈なフローは、ほかでは決して感じなかったと言う。物理学者のロバート・J・オッペンハイマーは原子爆弾を開発していた時、解明しようとしている「快い問題」について、詩的な情熱を込めて執筆した。どの記録を見ても、アドルフ・アイヒマンは、ユダヤ人を死の収容所へ送り込むことを含む輸送問題に、嬉々として取り組んでいた。これらの例が倫理的に意味するところは大きく異なっているが、はっきりしているのは、することを楽しんでいるというのは、それをする十分な理由にはならないということである。

フローは、精神を集中させやる気を起こさせる心理的エネルギーの源である。ほかのエネルギーと同様に、それは中立的であり、建設的な目的にも、破壊的な目的にも使うことができる。火は寒い夜に暖を取るのに使うことができるし、家を焼失させることにも使える。電気や原子力エネルギーにも同様のことがいえる。人類の役に立つ有用なエネルギーをつくることは大きな成果だが、賢い使い方を習得することは最低限必要である。そのように、よい人生を創造するには楽しめる目標を目指して努力するだけでは十分でなく、世界のエントロピーの総量を減らせるような目標を選択することも必要である。

それではそのような目標はどこにあるのだろうか。エントロピーが人間の問題に適用される時、エントロピーを定義するのは、宗教の役割であった。それは「罪」と呼ばれ、「罪」は、人やコミュニティ、またはコミュニティの価値に危害を加える行為である。今まで続いてきたすべての社会は、人々のエネルギーを向かわせるポジティブな目標を定めなければならなかった。そしてそのような目標を効果的にするために、超自然的存在を創造した。この超自然的存在は、視覚に訴え、幻として現れ、またモーゼやムハンマド、ジョセフ・スミス〔末日聖徒イエス・キリスト教会の創始者〕のような特別な人間に口述した文章を通して、善悪の行動基準を伝える。これらの目標は、われわれが生きている今現在の視点だけでは正当化されえないだろう。なぜなら、この人生で見られるものが行動の結果だけだとしたら、常識に従えば、われわれはできるだけ多くの喜びと物質的利益を獲得しようとするだろうからである。たとえ、その過程で残酷なことをしなければならないとしても。しかし、誰もが純粋な利己主義で動くなら、コミュニティは破壊されるだろう。そこですべての宗教は、自分の利益になることとしかしない人々にはどのようなことが起こるのかについての筋書きを提供しなければならなかった。その筋書きは、たとえば、下等生物として生まれ変わったり、忘れ去られたり、地獄に落ちるといったことであった。

われわれの時代の主たる課題の一つは、世界について知っていることすべてに調和する優れた目標のための、新たなよりどころを発見することである。人生に意味を与えるための新しい神話、そう、現在と近い将来のために利用できるもの――ちょうどわれわれの祖先が古代の神話によって自分たちが存在する意味を知り、教示されたイメージや隠喩、事実を頼りにしたように。しかし、昔の神話を用いた人々がその原理を真実と信じていたように、われわれもまた、この新しい摂理を真実と信じなければならない。

過去においては、コミュニティ全体の信仰に力を与える神話を言葉に表すのは預言者であった。預言者は、身近なイメージを引き出しながら、人々にどのように振る舞うべきか、また人々の認識をはるかに超える世界とはどのようなものかについて、至高の存在は預言者を通して語っているのだとほのめかした。そのようなことを知っていると主張する預言者は未来にも依然として存在するかもしれないが、しかし彼らが信用されることは少なくなるだろう。物質的な問題解決は科学に頼り、政治的な闘争の解決は民主主義に頼るという一つの帰結は、それがどんなに人を奮起させるものだとしても、一個人の洞察力を疑うようになったということである。もちろん「個人崇拝」は今も根強く残っている。しかし個人崇拝は健全な懐疑的態度によってかなり和らいでいる。啓示が信頼されるためには、科学的な真理と民主的な意思決定から導き出した民意という要素を備えなければならないだろう。

預言者を待つまでもなく、科学者や思想家がゆっくりと蓄積しつつある知識から、よい人生を構築するためのよりどころを発見できるかもしれない。どんな活動が複雑性と秩序を増大させるのかを知り、また、どんな活動が破壊へ導くのかを知るために、世界がどのように働くかについての十分な手がかりがある。あらゆる形の生命がどのように相互依存し、どのように環境に依存しているかについて、われわれは再発見しているところである。それぞれの活動は、なんと正確に同一の反応を生み出していることだろうか。秩序や有用なエネルギーを生み出すことはなんと難しく、それを無秩序に浪費するのはなんとやさしいことだろうか。活動の結果は直ちに目に見えるものではないかもしれないが、遠因として何かに影響を与えるかもしれないということをわれわれは知っている。なぜなら存在するものすべては、互いに連結したシステムの一部だからである。このようなことの大半は、平原インディアン〔北アメリカの大草原に暮らしていた〕、仏教、ゾロアスター教、そして人生の深い観察に根ざしたほかの無数の宗教で、似たような方法ですでに語られている。現代の科学が付け加えたのは、今の時代の権威ある言葉でこれらの事実を体系的に表現したというだけのことである。

しかし、現代科学の中には、おそらくより刺激的な洞察がほかにもまだ潜在的に存在している。たとえば相対性が意味するものは、一神教と多神教を和睦させる方法であるかもしれない。一神教はこの二、〇〇〇年というものうまくいっていて、より細かく独特な多神教の形態に取って代わってきたのである。多神教の不利な点は、人々が実際に世界の創造者や悪魔や神といった、それぞれが独自の特徴と権力範囲をもつ存在を信じた時、互いに矛盾するスピリチュアルな存在の間で、大変な混乱と注意力の分散が起こるということである。唯一神を信仰する宗教は、ユダヤ教にせよキリスト教にせよイスラム教にせよ、信者の意識を再整理し、途方もなく巨大な心理的エネルギーを解放し、ほかの信仰を一蹴した。しかし、一神教の欠点は、唯一にして最高の神を提示したことによって、柔軟性のない独断性に陥りがちだったことにあった。

相対性や、さらに新しいフラクタル幾何学での発見が示しているのは、同じ現実がさまざまな束にまとめられているのではないか、ということかもしれない。つまり、見る人の視点や切り取る角度、時間枠、観察のスケールによって、同じ基礎からなる真実を非常に多様なものと見るかもしれないということである。それゆえ、子どもの時に習った教義とは異なる見識や洞察に対して異端の烙印を押す必要はない。それどころか、莫大な複雑性の基礎となる一つの過程の一時的な現れであり、部分的に正当な根拠をもつのである。

関係のある束の多くは、進化の過程の周辺に収束する。皮肉なことに、ダーウィンの観察結果が原理主義的キリスト教への脅威と見なされていた時期、生態系のシステムと有機体の構造は非常に長い時間をかけて複雑性を増大する方向へ向かっているという彼の考えは、少数の科学者に希望を与えていたのである——宇宙はカオスによって支配されるのではなく、意味のある物語を秘めているのだ、と。この関係を最も早く表現した人の一人に、イエズス会士の古生物学者ピエール・テイヤール・ド・シャルダンがいる。彼の『現象としての人間』は、詩的な——おそらく過剰に詩的な——説明で、何十億年も前の原子の塵から、彼がオメガ・ポイントと呼ぶものの中で精神と魂が一つになるまでの進化を描いている。これは、天国の至高の存在に魂が合流するという伝統的な概念を、彼なりに説明したものである。

テイヤールの想像はほとんどの科学者から嘲笑されたが、より大胆な人の中には、かなり真剣に受けとめた人もいた。たとえばC・H・ワディントン〔理論生物学者〕、ジュリアン・ハクスリー〔進化生物学者〕、テオドシウス・ドブジャンスキー〔遺伝学・進化生物学者〕などである。どのような形であろうと、進化しつつある複雑性は信頼するに足る確固とした神話を創っている。たとえばジョナス・ソークは、ポリオワクチンの発明者であり、科学者であると同時に芸術家であり人道主義者であると自任していた人だが、いかにして過去の生命が未来への鍵を握るのかを理解するのに苦闘しながら、晩年を過ごした。本人の言葉で以下のように表現される。

私がこれまで興味をもってきたのは……より根本的な問題、創造そのものについてです。……私は人類を進化、いや、創造的進化の過程の所産であると考えています。われわれは今や過程そのものであり、もしくは過程の一部分なのです。そしてその観点から、このようなものに興味をもつようになりました。宇宙の進化、本来私が生物史前の進化と呼ぶものの目録としての進化の現象、物理的・化学的世界の進化、生物学的進化、脳と精神のメタ生物学的進化。そして今、目的論的進化と呼ぶものについて執筆を始めています。それは目的をもった進化です。

そこで今、私の目的は、目的論に沿う形で進化と創造を理解しようとすることなのです。

今まさに開けつつあるこのような新しい見通しの先に存在するものを明確に知るには時期尚早である。しかし作家や科学者たちは、将来への導きとなる可能性のあるビジョンを、ともにつなぎ合わせ始めている。このような試みはあるものの、いまだ想像上の領域にとどまっているものもあるようだ。たとえば、マデレイン・レングルが児童小説のプロットにまとめたのは、身体の細胞内の出来事が登場人物たちの歴史的闘争に対応し、さらに超自然的存在の宇宙的争いの反映になっているという内容である。そして彼女は、自分の書くサイエンス・フィクションが倫理的重要性をもっているということを十分に意識していた。たとえ小説の登場人物が悪の力に苦しめられ今にも飲み込まれそうな時でも、彼女は次のように信じる。「彼らを救い出して希望をもたらさなければならないわ。私は希望のない本は嫌いよ。『ああ人生は生きるに値しない』と思わせるような本は嫌いよ。私は読者に考えてもらいたいの。そう、これは大変な試練だ、でもやりがいがあって、最後にはうれしくなるものだ、とね」。

二〇世紀の最も優れた物理学者の一人であるジョン・アーチボルト・ホイーラーは、客観的に外部に存在し自己から離れているように見える物質的世界を生じさせる上でわれわれがどのように重要な役割を果たすのかという問題を解くことに時間を費やした。著名な小児科医であるベンジャミン・スポックは、われわれの時代に意味をもつ言葉でスピリチュアルなものを再定義しようとしている。そして、経済学者で活動家でもあるヘイゼル・ヘンダーソンのように、アイデンティティを生命の継続的な流れの中での瞬間的具象であると見なす、喜びに満ちた自由な型の人生哲学を採用する人々も存在する。

私はちょっと宇宙人のように感じています。ここにいるのは、ちょっと立ち寄っただけなのです。また、私は人間の姿をしています。感情的に非常に強く、人類の一員であると思っています。だから、今回は人間の姿に変身したわけです。しかしまた、私には数え切れないほどの多面性があります。それらはすべて矛盾なく、いとも簡単に共存しています。冗談に聞こえるかもしれませんが、これが私にとっての精神的な実践なのです。

このような異教的な豊かな表現は、輪廻転生や宇宙人による誘拐、超能力といった、昔の迷信への回帰にすぎないと思われるかもしれない。重要な違いは、ニューエイジの信仰者は信条を文字通りに受け取り、私が引用している人々は、隠喩的に話していることを知っているということである。わかりやすくはないが、彼らが信じる基盤としての現実に似たものを引き合いに出して話しているのである。彼らは自分の洞察を文字通り正しいと信じて具体的に表現する最後の人になるだろう。

彼らの知識それ自体が進化していて、数年後にはまったく違った言葉で表現されているかもしれないことを、彼らは知っている。

進化が過去に関連づけて未来を想像できるようにするということは、有意義で満足できる存在を創造するための方向づけを行うこととは別物である。伝統的な宗教があのように絶大な支配力を人間の意識の上に及ぼしえたのは宇宙の力を擬人化したからというのは確かなことである。たとえば、神は人をご自身のかたちに創造されたと主張することによって、何千というキリスト教の画家たちが慈悲深い年老いた長老として神を描くことを可能にした。そして、さらに重要なことに、個人の生命に尊厳と永遠の約束を与えた。これは確かに真似できないことである。われわれが現在理解している進化の過程は、統計学的に大きな数のものに影響を与えており、個人に対しては何も言っていない。進化の過程は、目的と自由意思ではなく機会と決定論の両輪で動いている。したがって、それを思えば、進化の過程は、個人がそれを参照しながら人生を構築しようという気になる機会を与えないつまらない教義のように思える。

しかし、科学の発見は、われわれ一人ひとりにとって希望のもてる話であるかもしれない。そもそも、それらの発見は、人間一人ひとりがどれほど独自的な存在であるかということに次第に気づかせてくれる。先例のない肉体的・精神的な特徴を発達させるための指示を出す遺伝子情報の特定の結びつきという意味だけではなく、この特定の肉体組織が生命に出会うためにその時、その場所に存在するという独自性においても。人は物質的、社会的、文化的文脈の中でのみ、ある特定の人間になりうるので、偶然生まれ落ちた時間と場所が、ほかの誰ももちえない唯一の存在の座標を決定するのである。

したがって、全存在のネットワークの中で肉体と精神が結びつく時空間の特定の一点に、われわれ一人ひとりが責任を負う。遺伝子の命令と社会的相互作用によって何者であるかが決定されるということは真実だが、自由の概念を生み出したことによって、自分がその一部分となるネットワークの未来の形を決定するための選択を行えるようになったこともまた真実である。どのような化粧品を使用するかは、呼吸に適した空気が持続するかどうかを決めるのに有用であるし、先生とどれくらいの時間話すかは子どもたちが何を学ぶかに影響を与えるだろうし、どんなショーを見るかは、商業娯楽の本質に影響を与えるだろう。

物質とエネルギーについての現代の理解はまた、善と悪についての新しい考え方を示唆してくれる。人間の問題での悪とは、物質的世界におけるエントロピーの過程に類似している。精神やコミュニティに苦痛や不幸、無秩序を引き起こすものを、われわれは悪と呼ぶ。それは、通常、最も楽な方針を取ることや、組織の下部の秩序のための原則に合わせて働くことを意味する。意識というものを賦与されている人間がただ本能に従って行動する時や、協力を必要とする状況にもかかわらず社会的存在である人間が利己的に行動する時も、そうである。科学者が破壊の手段を完成させることに取り組んでいる時、たとえ最新かつ最も精巧な知識を用いているとしても、エントロピーに屈服しているといえる。エントロピーまたは悪は、初期設定の状態、つまり逆戻り防止措置がなされていない時に、システムが逆戻りする状態のことである。

それを阻止するものをわれわれは「善」と呼ぶ。それは硬直性を防ぎながら秩序を守る行動であり、最も進化したシステムの必要性によって引き起こされるものである。未来や共通善、他者の精神的幸福を考慮した行為である。善とは、惰性の創造的克服であり、人間の意識の進化につながるエネルギーである。新しい組織原則に沿って行動することは、常により困難であり、より多くの努力とエネルギーを必要とする。そのような行動を行う能力は、徳として知られてきたものである。

しかし、エントロピーを広げる方がはるかに簡単だというのに、どうして人は有徳な振る舞いをするべきなのだろうか。報酬として永遠の生命が約束されているわけでもないのに、なぜ進化を支えようと思わなければならないのだろうか。ここまでに述べたことが真実であれば、永遠の生命は実際、存在のパッケージの中にある。漫画では死後の世界を、雲の上にいる光輪を背負ったナイトガウン姿の人物で表すが、そうではなく、実際には、この人生でのわれわれの行動が時間を経て影響し、進化する未来を形づくるのである。事実、個人としてのわれわれの今存在している意識が、死後なんらかの次元の存在として維持されようと完全に消滅しようと、われわれの存在は存在の縦糸と横糸の一部として永久にとどまるというのは、不変の真実である。生命の未来に心理的エネルギーをつぎ込めばつぎ込むほど、われわれはますますその一翼を担うようになる。進化と自分を同一視する人は、自らの意識と進化を混ぜ合わせる。あたかも小川が大河に合流するように、その流れは一つになる。

この筋書きにおいて地獄とは、要するに人生のフローから切り離されることである。それは過去や自己、惰性という安全にしがみつくことである。「悪魔」〔devil：イタリア語ではdiavolo〕という言葉の語源に、この感覚の跡を追うことができる。それは切り離す、もしくは離れ離れにするという意味のギリシャ語diabolleinに由来する。悪魔のようだというのは、心理的エネルギーを引っ込めて、現れつつある複雑性を弱めることを指すのである。

もちろんこれは、科学が未来について暗示することを読み取る唯一の方法ではない。世界には意味のあるチャンスはないと思うことも、そう考えることによってやる気をなくすことも、同じく可能である。実際そうする方が簡単である。エントロピーはまた、五感が真ととらえたものをどのようにも解釈できるようにする。とはいうものの、本章は次のような疑問で始まった。どのようにすれば、他者に責任を負いながら人生を楽しめる目標を見つけることができるだろうか。科学が提供する現在の知識に対して、次のような解釈を選ぶことも、この疑問への答えの一つかもしれない。フロー体験の充溢した活動をする時、それはまた、われわれ自身の未来への架け橋を築くことでもある。そう知っていれば、進化の枠組の中で、意識を日々の生活の作業に集中させることができるのである。

訳者あとがき

チクセントミハイ（Mihaly Csikszentmihalyi）の著書を翻訳するのは二冊目である。最初が『フロー体験とグッドビジネス――仕事と生きがい』（世界思想社、二〇〇八年）（*Good Business — Leadership, Flow, and the Making of Meaning*, 2003）である。幸いにして、三か月ばかりで重版となり喜んでいたところ、専門的で少々難解であるとの風評が気になった。そこで入門書というか解説書の要望もあり、今回の翻訳となった次第である。

著者については、すでに前訳書のあとがきで詳しく紹介しているが、重ねて要点を摘記しておきたい。一九三四年、当時イタリア領だったハンガリー生まれである。シカゴ大学行動科学部心理学科・教育学科教授を経て、二〇一〇年現在クレアモント大学院大学のピーター・ドラッカー・スクール・オブ・マネジメントで心理学の教授をしている。またカリフォルニア・クレアモントにおいて、実践的な心理学の研究をしている非営利組織であるクオリティ・オブ・ライフ・リサーチ・センター長も兼務している。

つまりピーター・F・ドラッカー後継者の一人ともいえ、前訳書にも「幸福と達成の心理学の基本書である」と、ドラッカー自身が評価している。また本訳書に対しては、ニューヨークタイムズの「今ここで十分に生きるため」の本という書評をはじめ、いくつかが挙げられている。たとえばニューヨークタイムズ・マガジンではチクセントミハイを「幸福にとりつかれた男」と評し、著名な心理学者ハワード・ガードナーは「行動科学研究者を当惑させる現象を解明する天才」とまで持ち上げている。

これまで邦訳された著作『楽しみの社会学——不安と倦怠を越えて』（今村浩明訳、思索社、一九七九年）をはじめ、とくに『フロー体験　喜びの現象学』（今村浩明訳、世界思想社、一九九六年）は好評を博しているし、すでにふれた『フロー体験とグッドビジネス』も重版されている状態である。つまり、アメリカだけでなく、わが国でもチクセントミハイは好意的に受け入れられているといえよう。

それは時代の環境の中で物質的なものだけでなく、精神的なものも含めて、人間のほんとうの「幸福にとりつかれた男」の研究内容のためである。つまり「フロー体験」についてである。行動の中で幸福を感じる体験は、楽しみである。すなわち十二分に生きているという、浮き浮きした感覚なのである。それはまさに「今ここで十分に生きるため」を現代の人々が求めているからである。しかもそれが単なるノウハウの本でなく、ドラッカーも言うように「心理学の基本書である」。

ここで内容を概観して、その意味づけを探っておこう。全体は九章から構成されている。第1章

「日々の生活を構成しているもの」、これが出発点である。毎日の生活時間がどのように過ごされているかから出発する。つまり、生産的活動二四―六〇パーセント、生活維持活動二〇―四二パーセント、レジャー活動二〇―四三パーセントの三つの活動分析の実態(占有率には各人各様の幅がある)から説き起こす。そして第2章「体験の内容」について検討する。つまり体験の質は、チャレンジとスキルの関係性の働きとして決まるという。そして最適な体験、すなわちフローはチャレンジとスキル、両方の変数が高い時に起こる。

さらに第3章「さまざまな体験をどう感じているか」では、先の三つの活動領域において、体験の質を幸福、モチベーション、集中、そしてフローとの相関で見ている。生産的な仕事や学習などの活動では、非常に相関関係が強いのは集中、やや強いのがフローで、幸福感や動機づけはそれほどでない。

生活維持活動やレジャーの活動についても、チクセントミハイが独自に開発し改良してきた経験抽出法(ESM)によって詳細なデータを提供してくれる。

人生そして生活において人々が日々の多様な活動をしている時、どのように感じて生きているのであろうか。その実態をふまえて、まさに「行動科学研究者を当惑させる現象を解明する」努力を払う。それは第4章「仕事についての矛盾」であり、第5章「レジャーの危険と機会」である。その内容については、これから読む読者は先にふれた統計の示唆するところから自分なりの仮説をもって読み進めていただきたい。またすでに読まれた読者は、自分の生活や人生の日々を思い起こし、次の第6章「人間関係と生活の質」や、第7章「生活のパターンを変えよう」の考察や提言を、自分なりにどう消化していくかの自省の機会にしていただければと願う。その行き着く先、結論は第8章「自己目的的パーソナリティー」である。語感である程度は連想されようが、内発的動機に生き、日々フロー体験を楽しもうとする気質といえようか。詳しくは読んでみての楽しみであり、あと自らやってみての楽しみである。

チクセントミハイが最後の結語に選んだのは第9章の「運命愛」である。これは「ニーチェ哲学の主要概念」である。ニーチェの引用されている言葉を要点だけ見ておこう。「人間の偉大さを言い表わすための私の定式は運命愛（アモール・ファティ）である」。すなわち、「……必然的なものを耐え忍ぶだけではなく、……そうではなくて、必然的なものを愛すること……」、そして「私は、いよいよもって、事物における必然的なものを美と見ることを学ぼうと思う……こうして私は、事物を美しくする者たちの一人となるであろう」と。もうこれ以上に説明すると蛇足になる。

最後にこの翻訳であるが、なんとか格好がついたのは結成以来二〇年になろうかというNPO「地域ルネサンス」の前訳メンバーに続いて、大学人も新たに参加してもらっての努力の成果である。参加したメンバーは略歴とともに訳者紹介に挙げている。協働の苦労を称えつつ感謝したい。さらにここまで完成にこぎつけたのは、前回に懲りずに、より一層の尽力、訳文の手直しをはじめこと細かに気を遣って励ましていただいた編集部の半澤紀子氏のおかげである。深く感謝しお礼申しあげたい。

また出版事情の厳しいなか、再度の訳書を許容していただいた世界思想社社長の髙島照子氏、編集部の秋山洋一氏にも感謝したい。さらに前回に続いて、チクセントミハイ教授との関係でご配慮願った千葉大学名誉教授今村浩明氏、法政大学国際文化学部教授浅川希洋志氏に心からお礼申しあげたい。

平成二二年四月

訳者代表　大森　弘

としてBergson（1944），Campbell（1976），J. Huxley（1947），T. H. Huxley（1894），Johnston（1984），Teilhard de Chardin（1965）など。

p.209　善と悪　　進化論の視点から，善と悪はAlexander（1987），Burhoe（1986），Campbell（1975），Williams（1988）で論じられている。

この概念からの拡張であり，若者が家族の庇護のもとで，より長期の成熟期間を過ごすことで利益を享受する傾向を表している（Csikszentmihalyi and Rathunde［1998］）。

p.183　注意　　注意，つまり「心理的エネルギー」をコントロールすることの重要性は，自分の人生に責任をもつための基本である。この主張と関連した考えはCsikszentmihalyi（1978, 1993）に見られる。

p.183　失明と半身不随　　ミラノ大学のFausto Massiminiとそのチームは，半身不随や失明という悲劇に襲われた多くの人々にインタビューを実施している（Negri, Massimini, and Delle Fave 1992）。一般的な予想に反して，こうした人の多くは，悲惨な事故の後の方が事故以前よりも，むしろ人生を楽しんでいる。Diener and Diener（1996）も参照。逆に，宝くじ当選者に関する研究（Brickman, Coates, and Janoff-Bulman 1978）によれば，突然の金銭的幸運は必ずしも幸福を増進させないことを示している。こうした研究の結果は，古い格言を裏づけるものである。つまり，人生の質を決めるのは，その人に何が起こったかではなく，その人が何をなしたかである。

第9章　運命愛

p.188　コミュニティと個人　　個人よりも大きな価値との関わりの欠如についての，最新かつ最も重要な記述にはBellah et al.（1985, 1991），Lash（1990）などがある。古い価値観が信頼を失った時に新しい価値観を創造することが必要不可欠であるとする記述はMassimini and Delle Fave（1991）を参照。

p.190　自己と進化　　自己がどのように系統発生的に，また個体発生的に進化するかについての簡単な説明はCsikszentmihalyi（1993）による。

p.197　アモール・ファティというニーチェの概念　　Nietzsche（［1882］1974）による。同じテーマに関するMaslowの考えはMaslow（1971）参照。Rogersの考えはRogers（1969）参照。

p.200　R. J. オッペンハイマーの引用　　引用と破壊的な活動の中でフローを見出すことの問題についてはCsikszentmihalyi（1985），Csikszentmihalyi and Larson（1978）で述べられている。

p.205　進化　　進化論的考えを人間の文化的進化の範囲にまで広げた先駆者

第7章　生活のパターンを変えよう

p.138　人口の15パーセント　　この数字に関しては，第2章の最後の注を参照。

p.139　グラムシ　　このイタリアの政治理論家の大変面白い伝記は Fiore（1973）による。

p.142　フローの頻度　　ここに報告されている研究は Joel Hektner（1996）が行ったものである。

p.144　仕事はなぜ不愉快か　　このセクションで述べた考えは，多年にわたってコロラド州ヴェイルでシカゴ大学の夏期公開講座として行っているビジネスマネージャーのカウンセリングから，大部分が引き出された。

p.145　他者に捧げる人生　　人並み外れた倫理的感覚をもつ個人の伝記は Colby and Damon（1992）で収集され，分析された。

p.145　仕事をもっとやりがいのあるものにする　　仕事に誇りをもっているワーカーがどのように考えるかについての，最も古いものの1つで，今なお最も洞察に富む記述は Studs Terkel（1974）に収録されたインタビュー・シリーズである。

p.150　ストレスと緊張　　生理学者である Hans Selye は，「eustress」つまり組織にとって管理できるストレスにはポジティブな価値があることを確認した最初の人である。緊張に対する最適な心理的反応は幅広く調査された（Selye 1956）。

p.159　人間関係の中のフロー　　子どもと遊んでいる時の母親の楽しみを述べる引用は Allison and Duncan（1988）による。

第8章　自己目的的パーソナリティー

p.166　全身全霊，没頭　　この引用は Allison and Duncan（1988）による。

p.174　社会的幼形成熟　　発生学における「幼形成熟」とは，ほかの霊長類やほ乳類と比較した場合の，人間の幼児の発達遅延を指す。神経システムは環境との相互交流の中で成熟するので，子宮内に隔離されるよりも，より多くの学習が引き起こされると考えられる（Lerner 1984）。社会的幼形成熟は，

行動を形成したかについては，Buss（1994）でうまく説明されている。人の性に関する文化の歴史はI. Singer（1966）参照。性の搾取はMarcuse（1955）で論じられている。

p.119　家族　　中世の家族の構成はLe Roy Ladurie（1979）で述べられている。家族の整理方法のほかの形についてはEdwards（1969），Herlihy（1985），Mitterauer and Sieder（1982）で述べられている。

p.122　家族の気分　　これらの発見は，すでに何度か言及したがLarson and Richards（1994）の研究による。

p.124　複雑な家族　　Kevin Rathunde（1996）は，複雑性の理論的概念を家族のシステムに適用した。この概念を用いたほかの発見はCarroll, Schneider, and Csikszentmihalyi（1996），Csikszentmihalyi and Rathunde（1998），Huang（1996）参照。

p.125　魔法と孤独　　ドブ人の一般化した妄想についてはReo Fortune（[1932] 1963）に述べられている。現実維持の手段としての会話の概念は，社会学者Peter Berger and Thomas Luckmann（1967）で発展した。

p.126　孤独な風景への好み　　問題の調査はNoelle-Neumann and Kocher（1993, p.504）で報告されている。

p.127　才能と孤独　　1人でいるのが耐えられない生徒が，自分の才能を伸ばすのにどのような問題を抱えているかを示すデータは，Csikszentmihalyi, Rathunde, and Whalen（1993）が示している。

p.127　よそ者の恐怖　　フランスの歴史家Philippe Arièsは，中世のパリの学生が陥る危険を説明した（Ariès, 1962）。17世紀における，通りを歩いている女性に対する脅威はNorberg（1993）が言及している。

p.130　Vita activa（活動的生活）　　Hannah Arendt（1958）は，活動的生活に伴う世界観と，瞑想的な生活に伴う世界観との違いを相対するものとして論じる。生活様式の「内部指向」と「外部指向」との差異はRiesman, Glazer, and Denney（1950）で述べられている。「外向性」対「内向性」の類型学はCarl Jung（1954）が発展させた。現在の測定方法についてはCosta and McCrae（1984）参照。

p.131　外向的な人の方が幸福　　外向的な人の方が人生に満足している傾向があることを示す研究についてはMyers（1992）が報告している。

p.80　失業者　　イギリスの若年失業者のESM研究は，John Haworthによって行われた（Haworth and Ducker 1991）。国際的な失業者の調査研究は，Inglehart（1990）で報告されている。

第5章　レジャーの危険と機会

p.90　レジャーは危険である　　精神科医の警告は，*Psychiatry*（1958）で報告された。同様の議論についてはGussen（1967），Kubey and Csikszentmihalyi（1990）参照。

p.91　日曜神経症　　引用はFerenczi（1950）による。Boyer（1955），Cattell（1955）も参照。

p.96　読書　　頻繁に本を読む人と，頻繁にテレビを見る人との違いはNoelle-Neumann（1996）で報告されている。

p.97　ヘロドトス　　『ペルシャ戦争』第1巻94章を参照。

p.98　レジャーと文化的衰退　　歴史的証拠についてはKelly（1982）参照。最新の異文化間の要素についてはInghilleri（1993）参照。

p.100　レジャー中心の生き方　　Macbethによる研究はMacbeth（1988）で報告されている。船乗りからの引用はPirsig（1977）による。ロッククライマーからの引用はCsikszentmihalyi（1975）による。

p.105　エネルギー使用とレジャー　　レジャーによる再生不可能なエネルギーの消費は，少なくとも女性にとっては，幸福とはネガティブに関連づけられるという知見はGraef et al.（1981）で報告されている。

第6章　人間関係と生活の質

p.110　人とのつきあいの治療的効果　　Lewinsohn（1982）参照。

p.111　西洋以外での社会的文脈の重視　　インドにおける社会的ネットワークへの従属の重要性はHart（1992），Kakar（1978），Marriott（1976）で論じられている。日本のことはAsakawa（1996），Lebra（1976），Markus and Kitayama（1991）参照。

p.114　友人　　満足のいく生活のための友人の重要性はMyers（1992）を参照。

p.117　性　　進化の過程の選択淘汰がどのようにわれわれの性的感情や態度，

しない細かい点を明らかにした。そのうちのいくつかは本書で報告した。

p.62　環境とその心理的効果　　環境がどのように感情と考えに影響を及ぼすかということについて，たいてい軽視されているが，例外としてGallagher（1993）を参照。この論点に関する著作は，ほかにCsikszentmihalyi and Rochberg-Halton（1981）など。

p.64　1週間のうちの時間と身体症状　　2つの未刊行の試験的な研究があるが，1つはミシガン大学でMaria Wongが，もう1つはCynthia Hedricks（In press）が，南カリフォルニア大学で完成した。注意の集中を要しない状況と同様に，明らかに，日曜日にはより多くの身体症状が報告された。ある程度没頭することで，痛みに気づくのを防げるということを示している。

第4章　仕事についての矛盾

p.68　アメリカ人は働きたがる　　これらの調査結果はYankelovich（1981）による。そして，ほかの国でも類似したパターンが見られた。仕事に対する葛藤はCsikszentmihalyi and LeFevre（1989）参照。ドイツの社会科学者間の対話はNoelle-Neumann and Strumpel（1984）による。Noelle-Neumannは，仕事への意欲とポジティブなライフスタイルとの結びつきを，「仕事は人を幸福にする」ことの証拠として解釈した。一方，Strumpelは，たいていレジャーが好まれることを「仕事は人を不幸にする」という意味に理解した。

p.69　仕事の歴史　　仕事が何世紀もかけてどのように変化してきたかについての興味深い洞察として，Braudel（1985），Lee and DeVore（1968），Norberg（1993），Veyne（1987）などがある。

p.75　表3　　アメリカのティーンエイジャーが，将来の仕事に関連した態度とスキルをどのように身につけるのかということに関する結果は，スローン財団が後援する研究で得られた（Bidwell et al. 1992）。アメリカの約4,000人の学生を中学，高校を通して5年にわたって調査したのである。仕事のようでも遊びのようでもない活動をネガティブな体験と考えることについては，Jennifer Schmidt（1997）で詳細に調査された。

p.78　女性と仕事　　仕事の体験における性差はLarson and Richards（1994）参照。Anne Wells（1988）はフルタイムで働く母親とパートタイムで働く母親との自尊感情の違いを発見した。

ての興味深い報告は次の通り。執筆についてはPerry（1996），コンピュータについてはTrevino and Trevino（1992），Webster and Martocchio（1993），教えることについてはColeman（1994），読書についてはMcQuillan and Conde（1996），マネージメントについてはLoubris，Crous，and Schepers（1995），スポーツについてはJackson（1996），Stein，Kimiecik，Daniels，and Jackson（1995），ガーデニングについてはReigberg（1995）などである。

第3章　さまざまな体験をどう感じているか

p.55　精神病理学とフロー　　精神科医Marten DeVries（1992）は，精神疾患の患者が実際にどのように感じているのかについて初めて詳細に研究した人の1人である。その過程で精神病理学について直観に反するいくつかの発見をした。マシミーニ教授とミラノ大学の彼のグループについてはInghilleri（1995），Massimini and Inghilleri（1986）を参照。

p.57　創造的な人々　　Richard Sternからの引用と，これ以降の本書中の引用は，創造性に関する私の最新の研究から取っている（Csikszentmihalyi 1996）。これはわれわれが生きている文化をある程度変えた91人の芸術家，科学者，政治やビジネスの指導者へのインタビューに基づいている。フローと創造性との関係についてはGeorge Klein（1990）編集のシリーズも参照。

p.58　1人でいること　　その悪影響に関して，たとえばCsikszentmihalyi and Larson（1984），Larson and Csikszentmihalyi（1978），Larson，Mannell，and Zuzanek（1986）。

p.59　国家調査　　国家調査で，幸福と友人がいることとの関連が示されたとBurt（1986）は報告した。

p.59　家族の中での体験　　Reed LarsonとMaryse Richardsによる最近の研究では，同時にESM研究（Larson and Richards 1994）に参加した家族のすべてのメンバーが，家族との体験で興味をそそるパターンをたくさん見せている。*Divergent Realities*という彼らの本のタイトルが示しているように，両親と子どもたちが家で相互交流する時，同じ気分でいることはめったにない。

p.61　車の運転　　多くの人にとって，ドライブが人生で最も楽しい体験の1つであることが，われわれのESM研究で示された（Csikszentmihalyi and LeFevre 1989）。日産USAが後援する，より詳細なESM研究は，多くの予期ピーは内なる調和の状態をいう。それについてはCsikszentmihalyi（1988, 1990），Csikszentmihalyi and Csikszentmihalyi（1988），Csikszentmihalyi and Rathunde（1998）で述べられている。

p.32　自尊感情　William Jamesの自尊感情の定義はJames（1890）で発表された。民族間の自尊感情の対比はAsakawa（1996），Bidwell et al.（1997）による。働く母親と専業主婦の母親との自尊感情の違いはAnn Wells（1988）による。

p.35　精神作用　Csikszentmihalyi（1993）で，思考における注意力の役割について論じた。イェール大学の心理学者Jerome Singerは，広範囲に空想することについて研究した（J. L. Singer 1966, 1981）。

p.38　知性の種類　この分野の基準となる研究は，人の知性の７つの主要な型についてのHoward Gardnerの分析である（Gardner 1983）。

p.38　才能の発達　若者の才能を高めるのに必要な努力は，Benjamin Bloom（1985）による研究と，私が学生たちと行った研究（Csikszentmihalyi, Rathunde, and Whalen 1993）で述べられている。

p.40　フロー体験　この体験を扱っている主な出典にはCsikszentmihalyi（1975, 1990），Csikszentmihalyi and Csikszentmihalyi（1988），Moneta and Csikszentmihalyi（1996）などがある。より専門的な研究のためにはAdlai-Gail（1994），Choe（1995），Heine（1996），Hektner（1996），Inghilleri（1995）を参照。「最適経験」と「心理的ネゲントロピー」が，フロー体験の同意語として使われていることがある。

p.43　図１　この図の出典はCsikszentmihalyi（1990）とMassimini and Carli（1988）である。実証によって，当初の仮説を改めなければならなくなったので，この図は長年にわたって何度も改訂されている。たとえば，最新の改訂では「くつろぎ」と「退屈」の位置を入れ替えた。もともとは，低いチャレンジと高いスキルの場合に退屈という体験になると考えていたのだが，多くの研究で，人はこのような状況ではくつろぎを感じることが示された。たとえばAdlai-Gail（1994），Csikszentmihalyi and Csikszentmihalyi（1988），Hektner（1996）を参照。一方，退屈はチャレンジとスキルの両方が低い時に起こりやすいのである。

p.46　フローの頻度　ドイツ人についての大規模なフローの調査はNoelle-Neumann（1995）で報告されている。さまざまな活動におけるフローについ

p.16　女性たちは……水を運んだ　Hufton（1993, p.30）から引用。

p.16　レジャー　レジャーの詳細な歴史については，Kelly（1982）を参照。

p.19　文化の違い　McKim Marriottは，社会的文脈における個人の立場についての伝統的なヒンドゥー教的見方について述べている（Marriott 1976）。コーカソイドと東アジア系の子どもたちとの比較はAsakawa（1996）を参照。

p.19　公的な場　個性の発達のために公的な場をもつことの重要性についての議論はHannah Arendt（1958）によってなされた。

p.21　経験抽出法　この方法の詳細についてはCsikszentmihalyi and Larson（1987），Moneta and Csikszentmihalyi（1996）を参照。

第2章　体験の内容

p.24　9つの基本的な感情　区別ができ，文化を超えて認められる主要な感情は，喜び，怒り，悲しみ，恐れ，関心，恥，罪の意識，ねたみ，落ち込みである（Campos and Barrett 1984）。

p.25　遺伝的に縛られた感情　チャールズ・ダーウィンは，感情は生存の目的に役立ち，身体の物理的器官が進化するのと同じように進化すると理解していたが，進化の視点から心理的な特徴が研究され始めたのは，ごく最近である。最近の例はDavid Buss（1994）である。

p.25　幸福　幸福の最初の現代的な心理学研究の1つであるNorman Bradburn（1969）の*The Structure of Psychological Well-Being*には当初，タイトルに「Happiness」という語があった。しかし，非科学的に思われることを避けるために，後で「Psychological Well-Being」に変えられた。現在の研究はその論点に関する広範囲にわたる概括を含む。Myers（1992），Myers and Diener（1995）などである。Diener and Diener（1996）では，人はたいてい幸福であることを発見した。もう1つの参照元はLykken and Tellegen（1996）である。収入と幸福の国際的な比較は，Inglehart（1990）である。主要な問題は，そのような研究は，回答者自身の幸福についての全体的な評価に依拠しているということである。人は自分の生活の内容に関わりなく，自分の生活を幸福であると思う傾向が強いので，このような測定法では人の生活の質についての多くの情報は得られない。

p.30　心理的エントロピーつまり意識内の葛藤　その逆の心理的ネゲントロ

注

＊参考文献に含まれる人名と書名，日本語で表記しにくいものは原語で表記した。

第1章　日々の生活を構成しているもの

p.2　オーデン　　オーデンの詩と，現代文学におけるその位置づけへの優れた評論は Hecht（1993）を参照。

p.7　体系的な現象学　　本書でなされた主張の理論的・経験的基礎は，たとえば Csikszentmihalyi（1990，1993），Csikszentmihalyi and Csikszentmihalyi（1988），Csikszentmihalyi and Rathunde（1993）を参照。

p.7　ヒヒ　　放し飼いの霊長類の活動の詳しい説明は Altmann（1980）による。中世のフランス南部での農民の日常活動は Le Roy Ladurie（1979）で報告されている。

p.9　日常生活の相違点　　評論誌 *Annales* に関わったフランスの歴史家たちは，一般人がさまざまな歴史的段階でどのように生活していたかということについての研究に着手した。類型の例は Davis and Farge（1993）を参照。

p.12　E. P. トンプソン　　Thompson（1963）は，イングランドの工業化の結果として日常生活がどのように変化したかについて，真に迫った解説をしている。

p.13　表1　　この表に示されるデータの出典は，以下の通りである。アメリカの大人の時間配分は，ESM を使って，Csikszentmihalyi and Graef（1980），Csikszentmihalyi and LeFevre（1989），Kubey and Csikszentmihalyi（1990），Larson and Richards（1994）で報告されている。若者の時間配分については Bidwell et al.(1997), Csikszentmihalyi and Larson(1984), Csikszentmihalyi, Rathunde, and Whalen（1993）を参照。

p.14　時間配分　　狩猟採集民が生産的な活動にどれくらいの時間を費やしたかは Marshall Sahlins（1972）で概算されている。類似した結果は Lee and DeVore（1968）でも報告されている。18世紀の時間配分は Thompson（1963），近代のものは Szalai（1965）を参照。

Selye, H. 1956. *The stress of life*. New York: McGraw-Hill.

Singer, I. 1966. *The nature of love*. 3 vols. Chicago: University of Chicago Press.

Singer, J. L. 1966. *Daydreaming: An introduction to the experimental study of inner experience*. New York: Random House.

——. 1981. *Daydreaming and fantasy*. Oxford, UK: Oxford University Press.

Stein, G. L., J. C. Kimiecik, J. Daniels, and S. A. Jackson, 1995. Psychological antecedents of flow in recreational sports. *Personality and social psychology bulletin* 21, no. 2:125-35.

Szalai, A., ed. 1965. *The use of time: Daily activities of urban and suburban populations in twelve countries*. Paris: Mouton.

Teilhard de Chardin, P. 1965. *The phenomenon of man*. New York: Harper and Row.

Terkel, S. 1974. *Working*. New York: Pantheon.

Thompson, E. P. 1963. *The making of the English working class*. New York: Viking.

Trevino, L.K., and J. W. Trevino. 1992. Flow in computer-mediated communication. *Communication Research* 19, no. 5:539-73.

Veyne, P. 1987. The Roman Empire. In *From Pagan Rome to Byzantium*, edited by P. Veyne. Cambridge, Mass.: The Belknap Press, pp. 5-230.

Webster, J., and J. J. Martocchio. 1993. Turning work into play: Implications for microcomputer software training. *Journal of Management* 19, no. 1:127-46.

Wells, A. 1988. Self-esteem and optimal experience. In *Optimal experience: Psychological studies of flow in consciousness*, edited by M. Csikszentmihalyi and I. S. Csikszentmihalyi. New York: Cambridge University Press, pp. 327-41.

Williams, G. C. 1988. Huxley's "Evolution and ethics" in sociobiological perspective. *Zygon* 23, no. 4:383-407.

Yankelovich, D. 1981. New rules in American life: Searching for self-fulfillment in a world turned upside-down. *Psychology Today* 15, no. 4:35-91.

adattive nei non vedenti. In *Vedere con la mente*, edited by D. Galati. Milan, Italy: Franco Angeli.

Nietzsche, F. [1882] 1974. *The gay science*. New York: Vintage.

Noelle-Neumann, E. 1995. *AWA Spring Survey*. Allensbach Institute für Demoskopie.

——. 1996. Stationen der Glücksforschung. In *Leseglück: Eine vergessene Erfahrung?*, edited by A. Bellebaum and L. Muth. Opladen: Westdeutscher Verlag, pp. 15-56.

Noelle-Neumann, E., and R. Kocher, eds. 1993. *Allensbacher Jahrbuch der Demoskopie 1984-1992*. Munich, Germany: K.G. Saur.

Noelle-Neumann, E., and B. Strumpel. 1984. *Macht Arbeit Krank? Macht Arbeit glüchlich?* Münich: Pieper Verlag.

Norberg, K. 1993. Prostitutes. In *A history of women in the West*, edited by N. Zemon Davis and A. Farge. Cambridge, Mass.: Harvard University Press, pp. 458-74.

Perry, S. K. 1996. *When time stops: How creative writers experience entry into the flow state*. Ph.D. diss., The Fielding Institute.

Pirsig, R. 1977. Cruising blues and their cure. *Esquire* 87, no. 5:65-8.

Psychiatry, Group for the Advancement of. 1958. *The psychiatrists' interest in leisure-time activities*, no. 39.

Rathunde, K. 1996. Family context and talented adolescents' optimal experience in school-related activities. *Journal of research in adolescence* 6, no.4:605-28.

Reigberg, D. 1995. *Glück in Garten—Erfolg im Markt*. Offenburg, Germany: Senator Verlag.

Riesman, D., N. Glazer, and R. Denney. 1950. *The lonely crowd*. New York: Doubleday.

Rogers, C. 1969. *Freedom to learn*. Columbus, Ohio: Charles Merrill.

Sahlins, M. D. 1972. *Stone Age economics*. Chicago: Aldine Press.

Schmidt, J. 1997. Workers and players: exploring involvement levels and experience of adolescents in work and play. *Meetings of the American Educational Research Association*. Boston, Mass.

Psychology 21, no. 2:12-17.

Lykken, D., and A. Tellegen. 1996. Happiness is a stochastic phenomenon. *Psychological Science* 7, no. 3:186-9.

Macbeth, J. 1988. Ocean cruising. In *Optimal experience: Psychological studies of flow in consciousness*, edited by M. Csikszentmihalyi and I. S. Csikszentmihalyi. New York: Cambridge University Press, pp. 214-31.

Marcuse, H. 1955. *Eros and civilisation*. Boston: Beacon.

Markus, H. R., and S. Kitayama. 1991. Culture and self: Implications for cognition, emotion, and motivation. *Psychological Review* 98, no. 2:224-53.

Marriott, M. 1976. Hindu transactions: Diversity without dualism. In *Transaction and meaning: Directions in the anthropology of exchange and symbolic behavior*, edited by B. Kepferer. Philadelphia: ISHI Publications.

Maslow, A. 1971. *The farther reaches of human nature*. New York: Viking.

Massimini, F., and M. Carli. 1988. The systematic assessment of flow in daily experience. In *Optimal experience: Psychological studies of flow in consciousness*, edited by M. Csikszentmihalyi and I. S. Csikszentmihalyi. New York: Cambridge University Press, pp. 266-87.

Massimini, F., and A. Delle Fave. 1991. Religion and cultural evolution. *Zygon* 16, no. 1:27-48.

Massimini, F., and P. Inghilleri, eds. 1986. *L'esperienza quotidiana: Teoria e metodi d'analisi*. Milan: Franco Angeli.

McQuillan, J., and G. Conde. 1996. The conditions of flow in reading: Two studies of optimal experience. *Reading Psychology* 17:109-35.

Mitterauer, M., and R. Sieder. 1982. *The European family*. Chicago: University of Chicago Press.

Moneta, G. B., and M. Csikszentmihalyi. 1996. The effect of perceived challenges and skills on the quality of subjective experience. *Journal of Personality*, 64, no. 2:275-310.

Myers, D. G. 1992. *The Pursuit of Happiness*. New York: Morrow.

Myers, D. G., and E. Diener. 1995. Who is happy? *Psychological Science* 6:10-19.

Negri, P., F. Massimini, and A. Delle Fave. 1992. Tema di vita e strategie

Princeton University Press.

Jackson, S. A. 1996. Toward a conceptual understanding of the flow experience in elite athletes. *Research quarterly for exercise and sport* 67. no. 1:76-90.

James, W. 1890. *Principles of psychology*. New York: Henry Holt.

Johnston, C. M. 1984. *The creative imperative: Human growth and planetary evolution*. Berkeley, Calif.: Celestial Arts.

Jung, C. G. 1954. *The development of personality*. New York: Pantheon.

Kakar, S. 1978. *The inner world: A psychoanalytic study of childhood and society in India*. New Delhi: Oxford University Press.

Kelly, J. R. 1982. *Leisure*. Englewood Cliffs, N.J.: Prentice-Hall.

Klein, G., ed. 1990. *Om kreativitet och flow*. Stockholm, Sweden: Brombergs.

Kubey, R., and M. Csikszentmihalyi. 1990. *Television and the quality of life*. Hillsdale, N.J.: Lawrence Erlbaum.

Larson, R., and M. Csikszentmihalyi. 1978. Experiential correlates of solitude in adolescence. *Journal of Personality*, 46, no. 4:677-93.

Larson, R., and M. H. Richards. 1994. *Divergent realities: The emotional lives of mothers, fathers, and adolescents*. New York: Basic Books.

Larson, R., R. Mannell, and J. Zuzanek. 1986. Daily well-being of older adults with family and friends. *Psychology and Aging* 12: 117-26.

Lash, C. 1990. *The true and only heaven: Progress and its critics*. New York: Norton.

Le Roy Ladurie, E. 1979. *Montaillou*. New York: Vintage.

Lebra, T. S. 1976. *Japanese patterns of behavior*. Honolulu: University of Hawaii Press.

Lee, R. B., and I. DeVore, eds. 1968. *Man the hunter*. Chicago: Aldine.

Lerner, R. M. 1984. *On the nature of human plasticity*. New York: Cambridge University Press.

Lewinsohn, P. M. 1982. Behavioral therapy: Clinical applications. In *Short-term therapies for depression*, edited by A. J. Rush. New York: Guilford.

Loubris, S., F. Crous, and J. M. Schepers. 1995. Management by objectives in relation to optimal experience in the workplace. *Journal of Industrial*

A psychiatric viewpoint, edited by P. A. Martin. Washington, D.C.: American Psychiatric Association.

Hart, L. M. 1992. Ritual art and the production of Hindu selves. *American Anthropological Association Meetings*. San Francisco, Calif.

Haworth, J. T., and J. Ducker. 1991. Psychological well-being and access to categories of experience in unemployed young adults. *Leisure Studies* 10:265-74.

Hecht, A. 1993. *The hidden law: The poetry of W. H. Auden*. Cambridge, Mass.: Harvard University Press.

Hedricks, C. In press. The ecology of pain in Latina and Caucasian women with metastatic breast cancer: A pilot study. In *11th Biannual meeting of the Society for Menstrual Cycle Research*, edited by J. Chrisler.

Heine, C. 1996. *Flow and achievement in mathematics*. Ph.D. diss., University of Chicago.

Hektner, J. M. 1996. *Exploring optimal personality development: A longitudinal study of adolescents*. Ph.D. diss., University of Chicago.

Herlihy, D. 1985. *Medieval households*. Cambridge, Mass.: Harvard University Press.

Huang, M. P.-L. 1996. *Family context and social development in adolescence*. Ph.D. diss., University of Chicago.

Hufton, O. 1993. Women, work, and family. In *A history of women in the West*, edited by N. Zemon Davis and A. Farge. Cambridge, Mass.: Harvard University Press, pp. 15-45.

Huxley, J. 1947. *Evolution and ethics*. London: Pilot Press.

Huxley, T. H. 1894. *Evolution and ethics and other essays*. New York: Appleton.

Inghilleri, P. 1993. Selezione psicologica bi-culturale: Verso l'aumento della complessità individuale e sociale. Il caso dei Navajo. In *La selezione psicologica umana*, edited by F. Massimini and P. Inghilleri. Milan: Cooperative Libraria Iulm.

——. 1995. *Esperienza soggettiva, personalità, evoluzione culturale*. Turin, Italy: UTET.

Inglehart, R. 1990. *Culture shift in advanced industrial society*. Princeton:

ontogenesis of psychological complexity. In *Theoretical Models of Human Development*, edited by R. M. Lerner, Vol. I. *Handbook of Child Development*. New York: Wiley.

Csikszentmihalyi, M., and E. Rochberg-Halton. 1981. *The meaning of things: Domestic symbols and the self*. New York: Cambridge University Press.

Csikszentmihalyi, M., K. Rathunde, and S. Whalen. 1993. *Talented teenagers: The roots of success and failure.* New York: Cambridge University Press.

Davis, N. Z., and A. Farge, eds. 1993. *A history of women in the West*. Cambridge, Mass.: Harvard University Press.

Delle Fave, A., and F. Massimini. 1988. The changing contexts of flow in work and leisure. In *Optimal experience: Psychological studies of flow in consciousness*, edited by M. Csikszentmihalyi and I. S. Csikszentmihalyi. New York: Cambridge University Press, pp. 193-214.

DeVries, M., ed. 1992. *The experience of psychopathology*. Cambridge, UK: Cambridge University Press.

Diener, E., and C. Diener. 1996. Most people are happy. *Psychological Science* 7, no. 3:181-4.

Edwards, J. N., ed. 1969. *The family and change*. New York: Alfred A. Knopf.

Ferenczi, S. 1950. Sunday neuroses. In *Further contributions to the theory and techniques of psychoanalysis*, edited by S. Ferenczi, London: Hogarth Press, pp. 174-7.

Fiore, G. 1973. *Antonio Gramsci: Life of a revolutionary*. New York: Schocken Books.

Fortune, R. F. [1932] 1963. *Sorcerers of Dobu*. New York: Dutton.

Gallagher, W. 1993. *The power of place: How our surroundings shape our thoughts, emotions, and actions*. New York: Poseidon Press.

Gardner, H. 1983. *Frames of mind: The theory of multiple intelligences*. New York: Basic Books.

Graef, R., S. McManama Gianinno, and M. Csikszentmihalyi. 1981. Energy consumption in leisure and perceived happiness. In *Consumers and energy conservation*, edited by J. D. Claxton et al. New York: Praeger.

Gussen, J. 1967. The psychodynamics of leisure. In *Leisure and mental health:*

Z. Malatesta and C. E. Izard. Newbury Park, Calif.: Sage.
Csikszentmihalyi, M. 1975. *Beyond boredom and anxiety*. San Francisco: Jossey-Bass.
——. 1978. Attention and the wholistic approach to behavior. In *The Stream of Consciousness*, edited by K. S. Pope and J. L. Singer. New York: Plenum, pp. 335-58.
——. 1985. Reflections on enjoyment. *Perspectives in Biology and Medicine* 28, no. 4:469-97.
——. 1988. Motivation and creativity: Toward a synthesis of structural and energistic approaches to cognition. *New Ideas in Psychology* 6, no.2:159-76.
——. 1990. *Flow: The psychology of optimal experience*. New York: Harper and Row.
——. 1993. *The evolving self: A psychology for the third millennium*. New York: HarperCollins.
——. 1996. *Creativity: Flow and the psychology of discovery and invention*. New York: HarperCollins.
Csikszentmihalyi, M., and I. S. Csikszentmihalyi, eds. 1988. *Optimal experience: Psychological studies of flow in consciousness*. New York: Cambridge University Press.
Csikszentmihalyi, M., and R. Graef. 1980. The experience of freedom in daily life. *American Journal of Community Psychology* 8:401-14.
Csikszentmihalyi, M., and R. Larson. 1978. Intrinsic rewards in school crime. *Crime and delinquency* 24, no. 3:322-35.
——. 1984. *Being adolescent*. New York: Basic Books.
——. 1987. Validity and reliability of the experience sampling method. *Journal of Nervous and Mental Disease* 175, no. 9:526-36.
Csikszentmihalyi, M., and J. LeFevre. 1989. Optimal experience in work and leisure. *Journal of Personality and Social Psychology* 56, no. 5:815-22.
Csikszentmihalyi, M., and K. Rathunde. 1993. The measurement of flow in everyday life. In *Nebraska Symposium on Motivation* 40:58-97. Lincoln, Neb.: University of Nebraska Press.
——. 1998. The development of the person: An experiential perspective on the

Bradburn, N. 1969. *The Structure of Psychological Well-Being*. Chicago: Aldine.

Braudel, F. 1985. *The Structures of Everyday Life*. Translated by S. Reynolds. New York: Harper and Row.

Brickman, P., D. Coates, and R. Janoff-Bulman. 1978. Lottery winners and accident victims: Is happiness relative? *Journal of Personality and Social Psychology* 36, no. 8:917-27.

Burhoe, R. W. 1986. War, peace, and religion's biocultural evolution. *Zygon* 21:439-72.

Burt, R. S. 1986. *Strangers, friends, and happiness*. GSS Technical Report No. 72. University of Chicago, NORC.

Buss, D. M. 1994. *The evolution of desire.* New York: Basic Books.

Campbell, D. T. 1975. On the conflicts between biological and social evolution and between psychology and moral tradition. *American Psychologist* 30:1103-26.

——. 1976. Evolutionary epistemology. In *The Library of Living Philosophers: Karl Popper*, edited by D. A. Schlipp. La Salle, Ill.: Open Court, pp. 413-63.

Campos, J. J., and K. C. Barrett. 1984. Toward a new understanding of emotions and their development. In *Emotions, cognition, and behavior*, edited by C. E. Izard, J. Kagan, and R. B. Zajonc. Cambridge, UK: Cambridge University Press, pp. 223-69.

Carroll, M. E., B. Schneider, and M. Csikszentmihalyi. 1996. *The effects of family dynamics on adolescents' expectations*. Paper submitted for publication. University of Chicago.

Cattell, J. P. 1955. The holiday syndrome. *Psychoanalytic Review* 42:39-43.

Choe, I. 1995. *Motivation, subjective experience, and academic achievement in Korean high school students*. Ph. D. diss., University of Chicago.

Colby, A., and W. Damon. 1992. *Some do care*. New York: The Free Press.

Coleman, L. J. 1994. Being a teacher: Emotions and optimal experience while teaching gifted children. *Gifted Child Quarterly* 38, no. 3:146-52.

Costa, P. T. J., and R. R. McCrae. 1984. Personality as a lifelong determinant of well-being. In *Emotion in adult development*, edited by C.

参考文献

Adlai-Gail, W. S. 1994. *Exploring the autotelic personality*. Ph.D. diss., University of Chicago.

Alexander, R. D. 1987. *The biology of moral systems*. New York: Aldine De Gruyter.

Allison, M. T., and M. C. Duncan. 1988. Women, work, and flow. In *Optimal experience: Psychological studies of flow in consciousness*, edited by M. Csikszentmihalyi and I. S. Csikszentmihalyi. New York: Cambridge University Press, pp. 118-37.

Altmann, J. 1980. *Baboon mothers and infants*. Cambridge, Mass.: Harvard University Press.

Arendt, H. 1958. *The human condition*. Chicago: University of Chicago Press.

Ariès, P. 1962. *Centuries of childhood*. New York: Vintage.

Asakawa, K. 1996. *The experience of interdependence and independence in the self-construal of Asian American and Caucasian American adolescents.* Ph.D. diss., University of Chicago.

Bellah, R. N., R. Madsen, W. M. Sullivan, A. Swidler, and S. M. Tipton. 1985. *Patterns of the heart*. Berkeley, Calif.: University of California Press.

——. 1991. *The good society*. New York: Alfred A. Knopf.

Berger, P. L., and T. Luckmann. 1967. *The social construction of reality*. Garden City, N.Y.: Anchor Books.

Bergson, H. 1944. *Creative evolution*. New York: The Modern Library.

Bidwell, C., M. Csikszentmihalyi, L. Hedges, and B. Schneider. 1992. *Studying Career Choice*. Chicago: NORC.

——. 1997. *Attitudes and experiences of work for American adolescents*. New York: Cambridge University Press.

Bloom, B. S., ed. 1985. *Developing talent in young people*. New York: Ballantine.

Boyer, L. B. 1955. Christmas neurosis. *Journal of the American Psychoanalytic Association* 3:467-88.

索　引

索　引

ロー体験とグッドビジネス――仕事と生きがい』(共訳)など。

巽　幸弘(第5章)

同志社大学工学部卒業。松下電器産業勤務を経て、現在巽果樹園経営。

真田啓志(第6章)

滋賀大学経済学部卒業。松下電器産業勤務、松下ビジネスサービス常務取締役等を経て、現在枚方市氷室財産区議会議員・学校法人吉見学園法人本部長。

専門分野は「人事労務管理」。

訳書に『フロー体験とグッドビジネス――仕事と生きがい』(共訳)。

藤井正一(第7章)

広島大学大学院社会科学研究科修士課程修了。広島市役所勤務を経て、2004年韓国・啓明大学校国際学部招聘教授。現在、広島経済大学特別客員教授。

専門分野は「日韓市民交流論」。

主な論文に「広島市と韓国・大邱広域市間の市民交流のプランづくり」など。

荒川一彦(日本語版への序文・第8章)

慶應義塾大学大学院法学研究科(政治学)及び経営管理研究科博士課程単位取得。野村総合研究所を経て、現在、近畿大学経営学部キャリアマネジメント学科教授。その間、電子商取引推進協議会(Ecom)主席研究員。専門分野は「経営組織論・経営行動論」「キャリアマネジメント論」。

主な著書に『経営を可視化するナレッジマネジメント』(共著)、『組織マネジメント戦略』(共著)など。

東郷　寛(第9章)

大阪市立大学大学院経営学研究科後期博士課程修了。会社勤務を経て、現在、近畿大学経営学部経営学科専任講師。専門分野は「地域経営論」。

主な著書・論文等に『公民パートナーシップの政策とマネジメント』(共著)、「知識創造の条件整備としての公民パートナーシップ――コープロダクションの視点から」(『非営利法人研究学会誌』VOL.10、2008年所収)など。

訳者紹介

大森　弘（監訳）

神戸大学大学院博士課程修了。松下電器産業勤務を経て、1975年近畿大学経営学部教授、2005年同大学名誉教授。2013年瑞宝中綬受章。専門分野は「経営理念論」「経営戦略論」。

主な著書・論文等に『研究開発政策――松下電器の事例研究』、「企業者論」（『論叢 松下幸之助』に連載）、『フロー体験とグッドビジネス――仕事と生きがい』（M. チクセントミハイ著、監訳）など。

有田健一（謝辞・第1章）

神戸商科大学商経学部卒業。松下電器産業勤務、松下精工専務取締役、松下環境空調エンジニアリング社長等を経て、近畿大学経営学部非常勤講師。専門分野は「環境経営論」「環境ビジネス論」。

訳書に『フロー体験とグッドビジネス――仕事と生きがい』（共訳）。

吉村孝史（第2章）

大阪大学経済学部卒業。松下電器産業勤務を経て、近畿大学・大阪産業大学・鳥取環境大学非常勤講師、NPO法人大阪環境カウンセラー協会理事、地球環境関西フォーラム戦略部会委員、CEAR環境主任審査員等。専門分野は「循環型社会論」「環境経営論」「環境監査論」。

宇田成徳（第3章）

広島大学工学部卒業。工学博士。松下電器産業勤務を経て、近畿大学経営学部非常勤講師、同志社大学商学部大学院嘱託講師、鳥取・広島・和歌山各県技術アドバイザー等。専門分野は「化学材料」「表面処理」「金属材料」。

主な著書・論文等に『病気になりたくてもなれない話』、『就職試験に落ちたくても落ちられない話』、『フロー体験とグッドビジネス――仕事と生きがい』（共訳）。

堀　正幸（第4章）

神戸大学経営学部卒業。松下電器産業勤務、台湾松下電器総経理、エクセルインターナショナル社長等を経て、近畿大学経営学部・関西学院大学商学部・大阪市立大学商学部非常勤講師。専門分野は「国際事業経営」。

主な著書・論文等に『松下の海外経営――台湾松下電器成長の軌跡』、『フ

フロー体験入門――楽しみと創造の心理学

2010年 5月20日 第1刷発行
2024年 1月20日 第11刷発行

定価はカバーに
表示しています

監訳 大《おお》森《もり》弘《ひろし》

発行者 上原寿明

世界思想社

京都市左京区岩倉南桑原町 56 〒606-0031
電話 075(721)6500
振替 01000-6-2908
http://sekaishisosha.jp/

(印刷 太洋社)

ISBN978-4-7907-1479-8

『フロー体験入門』の
読者にお薦めの本

フロー体験　喜びの現象学

M. チクセントミハイ 著／今村浩明 訳

『ニューヨーク・タイムズ』『ニューズウィーク』『タイム』で絶賛！　30 カ国語に翻訳され、世界的な評価を得たロングセラー。ポジティブ心理学の重鎮チクセントミハイが 20 年にわたる研究の結果、幸福へ至る方法を科学的に解き明かした傑作。

本体 2,427 円（税別）

グッドワークとフロー体験　最高の仕事で社会に貢献する方法

H. ガードナー、M. チクセントミハイ、W. デイモン 著／大森弘 監訳

市場の圧力や技術革新によって急激に変化する職場環境、先行きの見えない将来、どう働けばよいのか？　質の高い仕事と社会的責任を両立させる〈グッドワーク〉こそ解決策になる！ジャーナリズムと遺伝学の現場から得たサバイバル術を指南。

本体 2,800 円（税別）

フロー体験とグッドビジネス　仕事と生きがい

M. チクセントミハイ 著／大森弘 監訳

フローを体験することで、仕事は自己実現と社会貢献の場となりうる！　幸福と成功へ導くビジネスとは何か？　豊富なデータと世界のトップ企業リーダー 39 人へのインタビューから読み解き、ビジネスにおけるグッドワークの本質に迫る。

本体 2,300 円（税別）

クリエイティヴィティ　フロー体験と創造性の心理学

M. チクセントミハイ 著／浅川希洋志 監訳

ノーベル賞級巨匠たちが仕事や生活を語り、それを伝説の心理学者が分析。天才たちの人生から抽出される、「！」の瞬間を呼び込む処方箋。「すべての作り手に対するこのうえない激励」斎藤環氏。茂木健一郎氏・金井壽宏氏推薦。 8 カ国語に翻訳。

本体 3,200 円（税別）

定価は，2024 年 1 月現在